JN109578

▶ 合理的配慮

支援機器を用いた合理的配慮概論

編著

金森克浩・大杉成喜・苅田知則

特別支援
教育免許
シリーズ

監修

花熊 曉・苅田知則
笠井新一郎・川住隆一
宇高二良

建帛社
KENPAKUSHA

特別支援教育免許シリーズ刊行にあたって

今,「障害」をはじめとする社会での活動や参加に困難がある人たちの支援は,大きな変化の時期を迎えようとしています。困難がある人たちが,積極的に参加・貢献していくことができる全員参加型の社会としての共生社会の形成が,国の施策によって推進されています。

同時に,政府は人工知能（AI）等の先端技術の活用により,障害の有無に関係なく,だれもが日々の煩雑で不得手な作業などから解放され,快適で活力に満ちた生活を送ることのできる人間中心の社会として「Society5.0」を提唱し,その実現を目ざしています。先端技術は,障害のある人の生涯学習・社会参画を加速させる可能性を有しており,Society5.0の実現は共生社会の形成およびインクルーシブ教育システムの構築に寄与すると期待されます。その一方で,そのような社会が実現されたとしても,特別支援教育の理念やその専門性が不要になることは決してないでしょう。さまざまな困難のある子ども一人ひとりの教育的ニーズを把握し,そのもてる力を最大限度まで発達させようとする態度・姿勢にこそ,教育の原点があるからです。

さて,文部科学省によると,特別支援学校教員における特別支援学校教諭免許状保有者率は79.8％（2018年5月現在）と年々上昇傾向が続いており,今後は特別支援学級や通級による指導を担当する教員等も含めて,さらなる免許保有率の上昇が目ざされています。併せて,2019年4月の教職員免許法等の改正に伴い,教職課程の必修科目に「特別の支援を必要とする幼児,児童及び生徒に対する理解」が加えられました。

こうした流れの中,私たちは特別支援教育を学ぼうとする人が,当該領域にかかわる態度,知識,技能等をより体系的に学ぶことができる指導書が必要であると考えました。しかし,本『特別支援教育免許シリーズ』の企画立案時は,大きな変革に対応した包括的・体系的なテキストがありませんでした。

この『特別支援教育免許シリーズ』は,教員養成課程に入学し,特別支援教育に携わる教員（特に特別支援学校教諭）を目ざして学習を始めた学生や,現職として勤務しながら当該領域について学び始めた教職員を対象にした入門書です。シリーズ全体として,特別支援学校教諭免許状（一種・二種）の取得に必要な領域や内容を網羅しており,第1欄「特別支援教育の基礎理論に関する科目」に対応する巻,第2欄「特別支援教育領域に関する科目」として5つの特別支援教育領域（視覚障害,聴覚障害,知的障害,肢体不自由,病弱）に対応する巻,第3欄「免許状に定められることになる特別支援教育領域以外の領域に関する科目」に対応して重複障害や発達障害等を取り扱った巻で構成しています。

なお,第1欄の巻は,基礎免許状の学校種に応じて,教職必修科目にも対応できる内容としています。また,第2欄と第3欄の巻では,各障害にかかわる ① 心理,② 生理および病理,③ 教育課程,④ 指導法を一冊にまとめました。このように,免許状取得に必要な領域・内容を包括している点も,本シリーズの大きな特徴のひとつといえるでしょう。本シリーズが,障害のある子・人の未来を,本人や家族とともに切り開こうとする教職員の養成に役立つと幸いです。

このほか，第3欄においては，特別支援教育における現代的課題（合理的配慮としてのICTや支援機器の活用，ライフキャリア発達等）も取り上げており，保健医療福祉（障害児療育や障害者福祉）領域に携わっている人たち，そのほかさまざまな立場で支援する人たちにとっても参考となるでしょう。

　なお，「障害」の表記についてはさまざまな見解があります。特に「害」を個人の特性（ハンディキャップ）ととらえ，「障害」の表記には負のイメージがあるという意見があり，「障がい」に変更した自治体・団体もあります。一方で，「害」は社会がつくり出した障壁（バリア）であり，それを取り除くことが社会の責務であると考え，「障害」を用いている立場もあります。本シリーズは，後者の立場に立脚して構成されています。学習・生活に困難がある人に対して社会に存在するさまざまな障壁が「障害」であり，本書の読者は教育に携わる者（教職員）として「障害」を解消していく立場にあると考え，「障害」という表記を用いています。

　本シリーズの刊行にあたっては，数多くの先生に玉稿をお寄せいただきました。この場を借りて深謝申し上げます。しかし，刊行を待たずに鬼籍入りされた著者の方もおられます。刊行までに時間を要してしまいましたことは，すべて監修者の責任であり，深くお詫び申し上げます。さらに，本シリーズの企画を快くお引き受けいただきました建帛社をはじめ，多くの方々に刊行に至るまで，さまざまなご援助と励ましをいただきました。ここに改めて厚く御礼申し上げます。

2021年1月

監修者　苅田　知則
　　　　花熊　　曉
　　　　笠井新一郎
　　　　川住　隆一
　　　　宇高　二良

はじめに

　本書は，特別支援学校教諭免許取得に必要な科目の第3欄「免許状に定められることとなる特別支援教育領域以外の領域に関する科目」の学習に活用する目的でつくられました。

　心身に障害のある幼児児童生徒には，ニーズに基づき合理的配慮を提供することが不可避です。本書では，各障害に対応した障害支援機器を用いて合理的配慮を提供する手法について説明しています。

　第1章では，その基本的な考えの元となる，障害者権利条約や障害者差別解消法などの関係法令等に触れながら，学習を支えるための支援機器の役割を解説します。

　第2章では，障害別ではなく，困難別での支援機器の整理として，「読み書き」「見ること」「聞くこと」「動くこと」「コミュニケーション」「認知理解」「重複障害」といった項目で記述しました。これらは，近年普及がめざましいICT技術によってもたらされるものと，ICT以外のもので整理をしています。

　第2章が本書の中核となりますが，視覚障害，聴覚障害，知的障害，肢体不自由，病弱，重複障害，発達障害（LD等含む）に必要な合理的配慮を概説するとともに，障害支援機器を用いた合理的配慮の提供事例について説明をしています。また，特別支援学校，特別支援学級，通級による指導，通常の学級等に関することにも触れ，各障害特性のニーズに合わせた合理的配慮の意義・効果について説明を加えています。

　第3章では，教育課程や指導法として具体的に学校現場で行う際に押さえておきたい内容やアセスメントについて述べています。

　第4章は，連携機関として福祉制度に関することや学習する際に参考にできるリソースを紹介しています。

　特別支援教育に携わる方々にはもちろん学んでもらいたい内容ですが，通常の学級等で指導する教員にも本書を利活用いただければ幸いです。

2021年10月

編著者　　金　森　克　浩

　　　　　大　杉　成　喜

　　　　　苅　田　知　則

目 次

第3章　教育課程・指導法

第4章 支援機器を活用するための制度とリソース

第1章

障害のある子どもの教育制度と基本的な考え方

　障害のある子どもの支援機器について考えるうえでは，まずその制度の成り立ちと基本的な考え方を理解する必要がある。

　そこで，本章では国際連合（国連）の障害者の権利に関する条約や障害者差別解消法などの法律，学校教育で押さえておかなければならない合理的配慮などについて解説する。

　また，学習を支えるための支援機器を考えるうえでの三つの考え方としてAT，AAC，AEM について説明する。

1　障害者の権利に関する条約と障害者差別解消法

　障害のある子どもの支援機器や合理的配慮を考えるうえで，まずは国や国際レベルでどのようなことが考えられているのかを理解することは重要である。ここでは，そのために国連の障害者の権利に関する条約とそれを受けた国内法について紹介する。

　障害者の権利に関する条約(Convention on the Rights of Persons with Disabilities,略称：障害者権利条約）は障害者の人権および基本的自由の享有を確保し，障害者の固有の尊厳の尊重を促進することを目的として，障害者の権利の実現のための措置等について定める条約である。

　「(1)一般原則，(2)一般的義務，(3)障害者の権利実現のための措置，(4)条約の実施のための仕組み」の四つの内容から構成されている。多くの内容は支援機器に関係するが，第4条　一般的義務では「(g)障害者に適した新たな機器（情報通信機器，移動補助具，補装具及び支援機器を含む。）についての研究及び開発を実施し，又は促進し，並びに当該新たな機器の利用可能性及び使用を促進すること。この場合において，締約国は，負担しやすい費用の機器を優先させる。(h)移動補助具，補装具及び支援機器（新たな機器を含む。）並びに他

の形態の援助，支援サービス及び施設に関する情報であって，障害者にとって利用しやすいものを提供すること」との記述があり，支援機器について述べられている。また，第 24 条　教育においては「4　締約国は，（中略）　また，適当な意思疎通の補助的及び代替的な形態，手段及び様式の使用並びに障害者を支援するための教育技法及び教材の使用を組み入れるものとする」というように教育の分野においても支援機器に関する記述がある。このように，障害のある人の権利履行のために支援機器の果たす役割は大きいと考えられる。

　さて，この障害者権利条約を国連は 2006 年 12 月 13 日にニューヨークの国連総会において採択した。日本もその翌年の 2007 年 9 月 28 日に署名を行った。しかし，日本がこの条約を批准するのはその 7 年後の 2014 年 1 月 21 日であった。締約国としては 140 番目の遅さである。どうしてそうなったのだろうか。ひとつには，条約と憲法，国内法の関係がある。日本の最高法規は日本国憲法である。国内の各法律はその憲法の下位に位置するが，条約は憲法と国内法の間になる。つまり，条約を批准すればそれに基づいて国内法を変えなければならない。そこで日本はこの条約を批准するために各国内法を整備することが求められた。大きくは二つ。ひとつは障害者基本法の改正であり，もうひとつは障害者差別解消法の制定である。これらの整備された法律の中には，いくつかの支援機器に関する記述がある。

障害者基本法
障害者の自立および社会参加の支援等のための施策を総合的かつ計画的に推進することを目的に定められた法律。

　障害者基本法は 2011 年 7 月に改正が行われており，その第 16 条　教育では「国及び地方公共団体は，障害者の教育に関し，調査及び研究並びに人材の確保及び資質の向上，適切な教材等の提供，学校施設の整備その他の環境の整備を促進しなければならない」とある。この，教材等の提供や環境の整備では，まさに支援機器の活用が求められているといえる。また，第 22 条　情報の利用におけるバリアフリー化等には「障害者が円滑に情報を取得し及び利用し，その意思を表示し，並びに他人との意思疎通を図ることができるようにするため，障害者が利用しやすい電子計算機及びその関連装置その他情報通信機器の普及，電気通信及び放送の役務の利用に関する障害者の利便の増進，障害者に対して情報を提供する施設の整備，障害者の意思疎通を仲介する者の養成及び派遣等が図られるよう必要な施策を講じなければならない」として，情報を得て利用し，意思を伝えるというコミュニケーションを円滑に図るための表現が強調され，改正前からある「障害者が利用しやすい電子計算機及びその関連装置その他情報通信機器の普及」ということを強調している。法文なので，わかりにくい表現であるが，ICT（情報通信技術，information and communication technology）等の情報通信機器を障害のある人も使えるようにすることの重要性が述べられているといえよう。

　次に，障害を理由とする差別の解消の推進に関する法律（略称：障害者差別解消法）だが，この法律は 2013 年 6 月の国会において成立し，2016 年 4 月 1

日から施行されている。この条文では次項に示すように「社会的障壁」を「日常生活又は社会生活を営む上で障壁となるような社会における事物，制度，慣行，観念その他一切のもの」とし，その除去をうたっている。具体的には「合理的配慮」の例として，意思表示やコミュニケーションを支援するためのサービスや障害者による円滑な情報の取得・利用・発信のための情報アクセシビリティの向上等ということが示されている。また，内閣府の Web サイトにある障害者差別解消法の解説には，その具体例として「意思を伝え合うために絵や写真のカードやタブレット端末などを使う」「段差がある場合に，スロープなどを使って補助する」といったことが示されており，支援機器を積極的に活用することで合理的配慮がなされることを示しているといえる。

アクセシビリティ
accessibility
アクセシビリティとは障害のある人がほかの人びとと同じように物事に参加したり，利用したりする際の利用しやすさのことをさす。

❷ 学校教育における合理的配慮とは

　2014 年 1 月に日本が批准した障害者権利条約で示されている障害の概念を踏まえて，2011 年に障害者基本法が改正された。同法では「障害者」と「社会的障壁」を下記のように定義している。

　2016 年 4 月に施行された障害者差別解消法の第 2 条においても障害者と社会的障壁が同様に定義されている。

　合理的配慮について理解するためには，この条文を理解する必要がある。

> 第2条　この法律において，次の各号に掲げる用語の意義は，それぞれ当該各号に定めるところによる。
> 1　障害者　身体障害，知的障害，精神障害（発達障害を含む。）その他の心身の機能の障害（以下「障害」と総称する。）がある者であつて，障害及び社会的障壁により継続的に日常生活又は社会生活に相当な制限を受ける状態にあるものをいう。
> 2　社会的障壁　障害がある者にとつて日常生活又は社会生活を営む上で障壁となるような社会における事物，制度，慣行，観念その他一切のものをいう。

　第 1 号では，障害者について，個々の機能障害だけに着目するのでなく，機能障害と社会的障壁との両面からとらえることを求めている。この社会的障壁には第 2 号で示されているように，生活するうえで障壁となる生活環境や学習環境，指導方法，制度，慣習等が含まれている。すなわち，障害の有無にかかわらず相互に人格と個性を尊重し合う共生社会を実現するためには，日常生活や社会生活における障害者の活動を制限し，かつ社会への参加を制約している

社会的障壁を取り除く必要があり，この社会的障壁を除去するために必要なものが，合理的配慮や，**バリアフリー**の推進および**ユニバーサルデザイン**の考え方に基づく環境等の整備である。

　合理的配慮は障害者権利条約第 2 条で，「障害者が他の者との平等を基礎として全ての人権及び基本的自由を享有し，又は行使することを確保するための必要かつ適当な変更及び調整であって，特定の場合において必要とされるものであり，かつ，均衡を失した又は過度の負担を課さないものをいう」と定義されているが，長い定義になるので，簡潔に「個別に必要とされる理にかなった変更・調整」と述べたほうが理解しやすいであろう。この「個別に必要とされる」とは，障害のある人の実態は多様であり一律ではないため，個別性の高い配慮を必要としていることを表している。このように合理的配慮は個別に必要とされるものであって，不特定多数の人を対象とするものは合理的配慮とはいわない。そこで，多数の人を対象とした合理的配慮の基礎となる環境整備（基礎的環境整備）と，それらを基礎にした個々の子どもの実態等に応じた変更・調整（合理的配慮）とに整理した（図 1−1）。また，「理にかなった」とは，物的・金銭的・身体的・精神的に過度な負担となるものでなく，かつ公平性があることを表している。つまり，金銭面または心身面に過度の負担を強いることや，必要以上の優遇措置を求めるようなことは合理的配慮に該当しないということである。

　障害者差別解消法では，障害者が社会的障壁の除去を意思表明した場合，合理的な範囲での配慮を提供することを求めている。しかし，子どもや知的障害者などが意思を表明するのは困難な場合があるので，そのような場合には家族が本人に代わって意思を表明することも可能である。

　合理的配慮について検討する際の観点として，文部科学省は表 1−1 のように 3 観点 11 項目を示している。各項目で示されていることについて具体的に

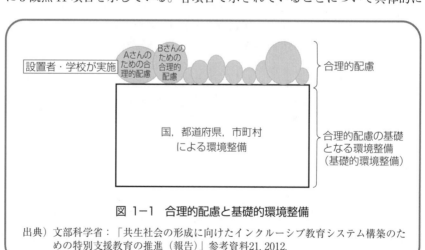

図 1−1　合理的配慮と基礎的環境整備

　出典）文部科学省：「共生社会の形成に向けたインクルーシブ教育システム構築のための特別支援教育の推進（報告）」参考資料21, 2012.

バリアフリー
バリアー（障壁）をなくすことで，段差等の解消を意味するが，日本では，もう少し広い意味で使われており，日常・社会生活を送るうえでの物理的および精神的な障壁を取り除くことであり，そのための施策も含め用いられることが多い。米国でのアクセシビリティの概念に類似している。
「高齢者，障害者等の移動等の円滑化の促進に関する法律」を通称「バリアフリー法」といい，公共施設や公共交通機関のバリアフリー化の推進を求めている。

ユニバーサルデザイン
ユニバーサルデザインとは，あらかじめ，障害の有無，年齢，性別，人種等にかかわらず多様な人々が利用しやすいよう都市や生活環境をデザインする考え方。

表 1-1　合理的配慮の観点

①教育内容・方法
①-1　教育内容
①-1-1　学習上又は生活上の困難を改善・克服するための配慮
①-1-2　学習内容の変更・調整
①-2　教育方法
①-2-1　情報・コミュニケーション及び教材の配慮
①-2-2　学習機会や体験の確保
①-2-3　心理面・健康面の配慮
②支援体制
②-1　専門性のある指導体制の整備
②-2　幼児児童生徒，教職員，保護者，地域の理解啓発を図るための配慮
②-3　災害時等の支援体制の整備
③施設・設備
③-1　校内環境のバリアフリー化
③-2　発達，障害の状態及び特性等に応じた指導ができる施設・設備の配慮
③-3　災害時等への対応に必要な施設・設備の配慮

出典）文部科学省：合理的配慮等環境整備検討ワーキンググループ報告，2012.

検討していくことになるが，子どもに指導する際には，「①教育内容・方法」
に関する配慮が重要になる。

　本書では，支援機器を用いた合理的配慮について取り上げており，それらは，
表1-1の①-1-1や①-1-2，①-2-1，①-2-2などの項目と関連させな
がら検討していくことが必要である。

　なお，具体的な事例については，国立特別支援教育総合研究所（NISE）が
Webサイト上でデータベースを運用しているので，ポータルサイトで「イン
クルDB」で検索をかけて，該当サイトにある事例を参考にしながら，個々の
子どもの実情に適した合理的配慮について検討を行うのも有効な検討方法のひ
とつである（http://inclusive.nise.go.jp/）。

　演習課題
1. 障害種に応じた合理的配慮の例を下記①〜③の内容に応じて，三つあげて説明
　 してみよう。
　 ①障害種名（例：肢体不自由者）
　 ②合理的配慮の観点番号（例：①-2-1）
　 ③具体例

❸　学習を支えるための AT について

1　合理的な配慮を支えるための支援技術

　　文部科学省が 2012 年に出した「共生社会の形成に向けたインクルーシブ教育システム構築のための特別支援教育の推進（報告）」では「合理的配慮」と「基礎的環境整備」について述べられており，その別表にある「情報・コミュニケーション及び教材の配慮」には「障害の状態等に応じた情報保障やコミュニケーションの方法について配慮するとともに，教材（ICT 及び補助用具を含む）の活用について配慮する」として具体的な例が示されている（表 1－2）。

表 1－2　情報・コミュニケーション及び教材の配慮

視覚障害	見えにくさに応じた教材及び情報の提供を行う。（聞くことで内容が理解できる説明や資料，拡大コピー，拡大文字を用いた資料，触ることができないもの（遠くのものや動きの速いもの等）を確認できる模型や写真　等）また，視覚障害を補う視覚補助具や ICT を活用した情報の保障を図る。（画面拡大や色の調整，読み上げソフトウェア　等）
聴覚障害	聞こえにくさに応じた視覚的な情報の提供を行う。（分かりやすい板書，教科書の音読箇所の位置の明示，要点を視覚的な情報で提示，身振り，簡単な手話等の使用　等）また，聞こえにくさに応じた聴覚的な情報・環境の提供を図る。（座席の位置，話者の音量調整，机・椅子の脚のノイズ軽減対策（使用済みテニスボールの利用等），防音環境のある指導室，必要に応じて FM 式補聴器等の使用　等）
知的障害	知的発達の遅れに応じた分かりやすい指示や教材・教具を提供する。（文字の拡大や読み仮名の付加，話し方の工夫，文の長さの調整，具体的な用語の使用，動作化や視覚化の活用，数量等の理解を促すための絵カードや文字カード，数え棒，パソコンの活用　等）
肢体不自由	書字や計算が困難な子どもに対し上肢の機能に応じた教材や機器を提供する。（書字の能力に応じたプリント，計算ドリルの学習にパソコンを使用，話し言葉が不自由な子どもにはコミュニケーションを支援する機器（文字盤や音声出力型の機器等）の活用　等）
病　弱	病気のため移動範囲や活動量が制限されている場合に，ICT 等を活用し，間接的な体験や他の人とのコミュニケーションの機会を提供する。（友達との手紙やメールの交換，テレビ会議システム等を活用したリアルタイムのコミュニケーション，インターネット等を活用した疑似体験　等）
言語障害	発音が不明瞭な場合には，代替手段によるコミュニケーションを行う。（筆談，ICT 機器の活用等）
自閉症・情緒障害	自閉症の特性を考慮し，視覚を活用した情報を提供する。（写真や図面，模型，実物等の活用）また，細かな制作等に苦手さが目立つ場合が多いことから，扱いやすい道具を用意したり，補助具を効果的に利用したりする。

学習障害	読み書きに時間がかかる場合，本人の能力に合わせた情報を提供する。（文章を読みやすくするために体裁を変える，拡大文字を用いた資料，振り仮名をつける，音声やコンピュータの読み上げ，聴覚情報を併用して伝える等）
注意欠陥多動性障害	聞き逃しや見逃し，書類の紛失等が多い場合には伝達する情報を整理して提供する。（掲示物の整理整頓・精選，目を合わせての指示，メモ等の視覚情報の活用，静かで集中できる環境づくり　等）
重複障害	（視覚障害と聴覚障害）障害の重複の状態と学習の状況に応じた適切なコミュニケーション手段を選択するとともに，必要に応じて状況説明を含めた情報提供を行う。（補聴器，弱視レンズ，拡大文字，簡単な手話の効果的な活用　等）

出典）文部科学省：「共生社会の形成に向けたインクルーシブ教育システム構築のための特別支援教育の推進（報告）」別表3　1-2-1，2012.

　ここで書かれているものすべてが合理的配慮になるわけではなく，これ以外の内容も子どもにとって必要であれば考慮すべきである。また，これらの支援機器を活用することが，子どもたちの学習上の困難を軽減・克服するためだと考えることができる。

2　障害のある児童生徒の教材の充実について

　文部科学省は前述の報告などさまざまな施策を受けて 2013 年に「障害のある児童生徒の教材の充実について　報告」を出した。この報告の序文には以下のようなことが書かれている。

○　平成 23 年 8 月に改正された障害者基本法では，教育の条文である第 16 条において，国及び地方公共団体における障害者の教育に関する環境整備の一つとして，新たに「適切な教材等の提供」が追加された。
○　また，平成 24 年 7 月に取りまとめられた中央教育審議会初等中等教育分科会報告「共生社会の形成に向けたインクルーシブ教育システム構築のための特別支援教育の推進」においては，障害のある児童生徒が十分に教育を受けられるための合理的配慮の基礎となる環境整備の一つとして，「教材の確保」が挙げられた。その中で，視覚障害のある児童生徒のための音声教材の整備充実，高等学校段階の拡大教科書の発行，発達障害のある児童生徒の使用する教材等の整備充実，様々な障害の状態や特性に応じた支援機器の充実，障害の状態や特性に応じた様々なアプリケーションの開発，情報端末についての基本的なアクセシビリティの保証が課題として挙げられている。
○　さらに，文部科学省が平成 23 年 4 月に取りまとめた「教育の情報化ビジョン」においては，ICT を活用することにより，一斉指導による学び（一斉学習）に加え，個々の児童生徒の能力や特性に応じた学び（個別学習）や児童生徒同士が教え合い学び合う協働的な学び（協働学習）を推進させることを目指すとともに，それらの学習活動に必要ないわゆるデジタル教科書・教材についても述べられている。このほか，障害のある児童生徒への活用を進めるため，支援機器等の活用や個々の児童生徒の認知の特性を踏まえた ICT の活用，デジタル教科書・教材等に必要な機能の例について

も述べられている。

○　このような状況を踏まえ，本検討会では，平成 25 年 6 月より 6 回にわたり検討を行い，障害のある児童生徒の教材の現状と課題，その推進方策について，報告書として取りまとめた。

○　今後，教材の充実に関連した施策が推進されることにより，特別支援教育が一層充実され，障害のある児童生徒が十分な教育を受けられる環境が整備されることとなる。それにより，障害のある児童生徒の将来の自立と社会参加が加速されていくことを期待するものである。

この報告では「教材」ということばで述べられているが，一般的な教材の形だけでは支援を必要とする子どもたちにとっては，そのままでは使えず学ぶことが難しい場合がある。そのためにも「支援機器等の活用」があり，教材を広くとらえていくことが必要だといえる。

この報告を受けて，文部科学省は 2014 年より「学習上の支援機器等教材活用促進事業」を行っている。この事業の概略は施策の一部である国立特別支援教育総合研究所（NISE）に設置された「**特別支援教育教材ポータルサイト**」を見るとよくわかる。同ポータルサイトにある「これが欲しかった！ ICT 機器の『次の』活用方法」（図 1−2）では「支援機器等教材」の説明として「障害のある子供の学習上又は生活上の困難を主体的に改善・克服するため，また，障害の状態や特性に応じて，そのもてる力を十分に発揮させることを目的に活用され，主として学校教育の場面において使用できるもの」としている。

そして，それらを使うことが，個別の学習場面については「これまで視覚障害のある子供に対しては，凸線で描かれた地図などの触覚教材が活用されてきました。肢体不自由及び言語障害を有する子供に対して使われるスイッチ型の音声再生装置等も，コミュニケーションを支援する機器として活用されています。このように，特別支援学校及び特別支援学級，通級による指導等において

特別支援教育教材ポータルサイト
国立特別支援教育総合研究所に設置された Web サイト。特別支援教育に関する教材に関する情報を概観できるようになっている。
http://kyozai.nise.go.jp/

図 1−2　学習上の支援機器等教材活用促進事業　平成 30 年度版
出典）国立特別支援教育総合研究所特別支援教育教材ポータルサイト.

は，個々の障害の状態や特性に応じて，適切な教材が活用され，一人一人の教育を支えています。今後は，多様な学びの場において，障害のある子供たちが，ICT 機器をこれまで以上に活用し，より効果的な学習支援につなげていくことが求められています」と書かれている。また，一斉学習の場面については「通常の学級において，知的な遅れのない発達障害も含め，学習面又は行動面で特別な支援を必要とする子供がいます。例えば「書くこと」に時間がかかる子供に対して，マス目の大きなプリントを作成し配付したり，タブレット型端末のタッチ入力機能の活用で，書字の負担を軽減したりするなど，本人の特性に合わせた支援が行えます。個々の障害の状態や特性等に応じた適切な教材を活用することで，障害のある子供と障害のない子供が同じ場で共に学べることにつながっていきます」とある。

　支援機器や教材が障害のある子どもたちにとっての学びを広げていく可能性を示しており，かつその活用を積極的に進めてほしいとの考えである。

3　三つの A

　支援機器を考える際のキーワードとして A を頭文字とする三つのキーワード「AT」「AAC」「AEM」がある（図1-3）。三つの A について解説する。

（1）AT（アシスティブ・テクノロジー）

　文部科学省の「**教育の情報化に関する手引**」（2019）では「障害による物理的な操作上の困難や障壁（バリア）を，機器を工夫することによって支援しようという考え方が，アクセシビリティであり，それを可能とするのがアシスティブ・テクノロジーである」と書かれている。AT の考え方自身は ICT などの情報通信技術だけでなく，障害のある人の生活を支えるさまざまなもので

教育の情報化に関する手引
本手引は，2020 年 6 月に「追補版」が出されている。

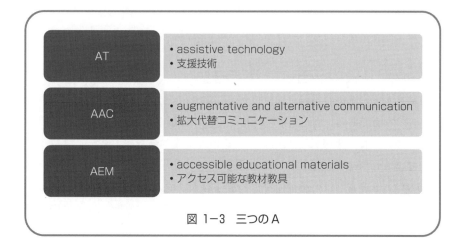

図 1-3　三つの A

ある。もともと海外で使われていたことばだが，日本語訳としては「支援機器」「福祉機器」「福祉工学」「支援技術」「支援工学」などさまざまあった。現在は英語のままアシスティブ・テクノロジーといわれることが多い。1988 年に出された米国の法律「障害をもつ人のためのテクノロジーに関連した支援法」(Technology-Related Assistance for Individuals with Disabilities Act, 略称：Tech Act）では，AT について支援技術機器（assistive technology device）と支援技術サービス（assistive technology service）という二つの概念に分けて以下のように定義している。

支援技術機器とは，「買ってきたか，そこにあったものか，手直しされたか，個人に合わせて作られたかにかかわらず，障害のある人の機能を増大，維持，または改善するために使われるあらゆる装置，装置の部分，システムをさす」。

支援技術サービスとは，「障害のある人が支援技術装置を選ぶ，手に入れる，使用することを直接助けるあらゆるサービスをさす」。

また，支援技術機器と支援技術サービスの供給は障害のある人が次のようなことを可能にするとしている。

・生活を自分でコントロールできるようにする
・家，学校，職場，社会の活動に参加し，貢献できるようにする
・障害のない人とのかかわりを広げる
・障害のない人と同等の機会をもち，そこから利益を得ることができる

このように AT には，障害当事者が利用するものと，介護者が利用し介護力の軽減を図るものとがあるが，特別支援教育においてはこの中でも学校を中心とした学習活動や子どもたちの生活に密接にかかわる部分での AT について考えることになる。

また，機能のレベルで「ノンテク」「ローテク」「ハイテク」に分ける考え方もある。ノンテクとは主に機器を使わないサインや発声などを使ったコミュニケーション方法をいい，ローテクは絵カードやシンボル，スイッチトイなどのシンプルな機器を使ったもの，ハイテクは電子機器などの利用をいう（図1-4）。

(2) AAC（拡大・代替コミュニケーション）

AAC は augmentative and alternative communication（拡大代替コミュニケーション）の略である。AAC 研究の第一人者である東京大学の中邑賢龍は，「AAC の基本は，手段にこだわらず，その人に残された能力とテクノロジーの力で自分の意志を相手に伝えること」と述べている[1]。ここで大切なのは，本人の意志を尊重し，主体的な発信行動を豊かにすることにある。AAC はコミュニケーション場面が中心であるが，それを実現するうえでは AT の役割は大きく，内容に重なる部分が多くある。しかし AAC には，機器を使わない

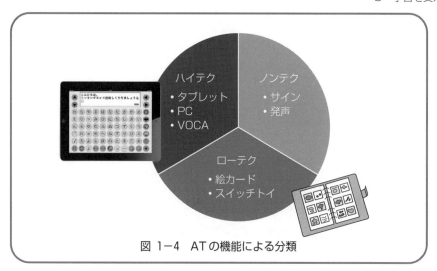

図 1-4　AT の機能による分類

ものも含まれている。前述のノンテクにあたる残された発声の方法を上手に
使ったコミュニケーション方法や，サインなども AAC の技法のひとつである。

(3) AEM（アクセス可能な教材教具）

　AEM は accessible educational materials の略で，アクセス可能な教材教具
といった意味である。障害のある子どもたちは一般の子どもたちの学力の問題
とは別に，その障害ゆえに教育内容にアクセスすることが困難になっている場
合がある。そういった子どもたちが学習へアクセスするために AEM がある。
米国では学習のユニバーサルデザインを提供する民間の教育研究開発組織であ
る CAST（The Center for Applied Special Technology）の中に AEM センター
が設置され，さまざまな情報や教材の提供を行っている。

4　デジタル教材かアナログ教材か

　本書では支援機器の具体的な活用方法について，ICT とそれ以外に分けて
いる。近年は ICT 技術の進展によりさまざまなものがデジタル化されている。
これまでのアナログな教材では実現できなかったものもデジタル化したことで
可能になっているものが多いからである。しかし，だからといってすべてデジ
タル化すればよいかといえばそうは簡単なことではない。大切なのは子どもた
ちのニーズに応じて使い分けられるかどうか，ということだからである。
　デジタル化の恩恵として注目されるものに，デジタル教科書がある。文部科
学省は 2018 年に紙の教科書に代えてデジタル教科書を利用できるように学校
教育法等の一部を改正した。

「学校教育法等の一部を改正する法律の公布について（通知）」（2018 年 6 月）には以下のようにある。

第 3　留意事項
4. 障害のある児童生徒等への配慮について

　　デジタル教科書の使用により，障害のある児童生徒等については，例えば，視覚障害や発達障害のある児童生徒等が，文字の拡大，色やフォントの変更，音声読み上げ等の機能を使用することにより，教科書の内容を理解しやすくなることや，肢体不自由の児童生徒が，目的のページに容易に移ることができるといった効果が期待されること。

　　しかし，少なくとも現時点では，デジタル教科書のみによって様々な障害のある児童生徒等の全てのニーズを満たすことは難しく，今後も，音声教材等が重要な役割を果たすこととなること。

　　このため，これらの活用を検討する際には，教科書関係事務主管部署のみではなく，特別支援教育関係事務主管部署とも連携を図り，障害のある児童生徒等のニーズを適切に把握することが重要であること。

　　デジタル教科書を活用することにどのような可能性があるか，文部科学省の「デジタル教科書の今後の在り方等に関する検討会議　中間まとめ」（2021 年 3 月，https://www.mext.go.jp/content/20200421-mxt_kyokasyo01_1.pdf）では以下のように書かれている。

　　アクセシビリティやユーザビリティが確保されていれば，紙の教科書へのアクセスが困難だった障害のある児童生徒が，教科書へアクセスできるようになる。その結果，文章等の理解や把握がしやすくなったり，操作が容易になったり，障害等による学習上の困難が軽減されると考えられる。これらによって，児童生徒の自主的な教材へのアクセスが容易となり，学習意欲の増進，学力の向上に繋がると期待される。なお，デジタル教科書と連携して使用するデジタル教材に関しても，アクセシビリティやユーザビリティに配慮することが望ましい。

引用文献

1）中邑賢龍・厳淵守：パソコン・アクセシビリティ入門，e-AT 利用促進協会，2005.

第2章
困難さに対応した支援機器の活用

　本章では困難さに対応した支援機器の活用について,「読み書き」「見ること」「聞くこと」「動くこと」「コミュニケーション」「認知理解」という6項目に分けて整理をして解説する。特別支援教育における指導では障害種による分類で整理をすることが多くあるが,それぞれの子どもたちの困難さを考えるときには必ずしも障害種では整理できない。

　例えば,肢体不自由特別支援学校に在籍する子どもたちを考えたときに,動くことだけに困難さがあるのだろうか？　ある子どもは,学習へのつまずきに読み書きが関係するかもしれないし,視知覚認知に課題があれば見ることに何らかの課題があるはずである。そこで,本章では,そういった困難さに応じて支援機器を使うことでどのように解決または補えるかを整理した。

　学習場面では ICT 機器を活用することは大きな支えになる。そこで,ICT を活用した支援とそれ以外の支援について整理をしている。

　また,特別支援学校には重複障害のある子どもが多く在籍している。そこで,重複障害の中でも重症心身障害児への支援と盲ろう者への支援については,別に項目を立てて取り上げる。その中では,スヌーズレンなどを使った環境調整についても説明する。

盲ろう者
視覚障害と聴覚障害を併せ有する人。
p.141 参照。

❶ 読み書きの困難さ

　知的な能力には問題がないにもかかわらず,学習（聞く・話す・読む・書く・計算する・推論する能力）に特異的な問題をもつ状態を文部科学省は LD（learning disability：学習障害）と定義し,特別支援教育での支援対象としている（文部省,1990）。

　LD かどうかを判断する基準には教育におけるサポートの必要性を判定する教育的判断基準と医学的診断基準の二つがあり,用いられる用語にも違いがあ

学習障害（文部省，1999）。

「学習障害とは，基本的には全般的な知的発達に遅れはないが，聞く，話す，読む，書く，計算する又は推論する能力のうち特定のものの習得と使用に著しい困難を示す状態を指すものである。学習障害は，その原因として，中枢神経系に何らかの機能障害があると推定されるが，視覚障害，聴覚障害，知的障害，情緒障害などの障害や，環境的な要因が直接の原因となるものではない。」

○ LD の判断・実態把握基準（試案）（一部抜粋）

・専門家チームにおける判断基準

A. 知的能力の評価

　　①全般的な知的発達の遅れがない

　　②認知能力のアンバランスがある

B. 国語等の基礎的能力の評価

○国語等の基礎的能力に著しいアンバランスがある

C. 医学的な評価

○学習障害の判断に当たっては，必要に応じて医学的な評価を受けることとする

D. 他の障害や環境的要因が直接的原因でないことの判断

る。教育における LD は「傘概念」といわれる。さまざまな学習上の困難を網羅的にそこに含め，サポートが必要な人をくくるために用いられるものと考えるとよい。知的発達に遅れがなく，ほかの障害の影響ではなく，環境的要因ではないにもかかわらず，聞く，話す，読む，書く，計算する，推論するという学習に関連する六つの領域での特異的困難を示す人には特別な教育的配慮が必要との考えが反映されている。

　LD の中でも読み書きに困難のある状態は「読み書き障害」といったり，「読み障害」「書き障害」と分けて呼んだりと複雑である。文字を読むことができないと必然的に書くことも困難になるため，読み障害＝読み書き障害となる。米国精神医学会が発行する診断基準 DSM-5 では LD は限局性学習症（specific learning disorder）と分類され，その下位カテゴリとして読字障害（specific reading disorder）が設けられている。一方，文字を読むことには困難がないにもかかわらず，文字を書くことが難しいというタイプが存在し，これは書字障害または書字表出障害と分類される。

　つまり，読字障害・書字障害を含む学習障害という概念は，教育的判断においても医学的の診断においても，その障害を生じさせている原因によって分類されたものではなく，障害されている機能で分類されている。したがって，読みの特異的困難（読字障害）は情報の入力から処理への経路で不具合がある状態，書きの特異的困難（書字障害）は情報の処理から出力への経路で不具合がある状態と整理するとよい。

　読み書きを行う際の認知処理過程は簡易的に表すと図２-１のようになる。

　情報処理は情報の入力・処理・出力の三つの水準でとらえることができる。また，情報の入力と出力はそれぞれ視覚・運動過程と聴覚・音声過程に分けることができる。例えば，文字を読むという行為は視覚的に入力された情報が脳内で処理されるプロセスであり，文字を書くという行為は脳内の情報が目と手の共同作業として手書きされるというプロセスで行われる。

　読みの困難というのは先に示した認知処理過程の入力水準の視覚・運動過程に困難が生じていると考えられる。文字を見て読むことが難しい場合，それをサポートするアプローチには二通りある。視覚情報の入力部分を調整する，つまり「見やすくする」アプローチと，視覚経路を別の経路で代替する，つまり「文字を音声化して聞いて理解する」アプローチである（図2-2）。

　文字を手書きすることが難しい場合もアプローチは二通りである。筆記用具や解答用紙などを工夫して「書きやすくする」アプローチと，手書き出力をほかの手段に置き換える（代替する）アプローチである。代替アプローチでは，

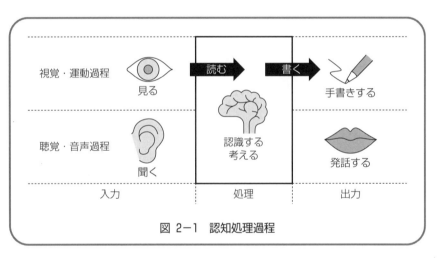

図 2-1　認知処理過程

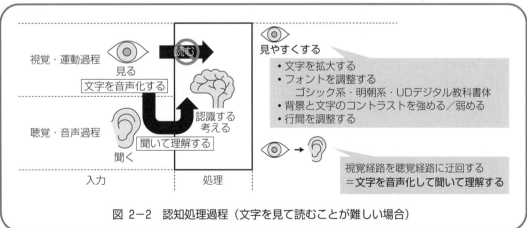

図 2-2　認知処理過程（文字を見て読むことが難しい場合）

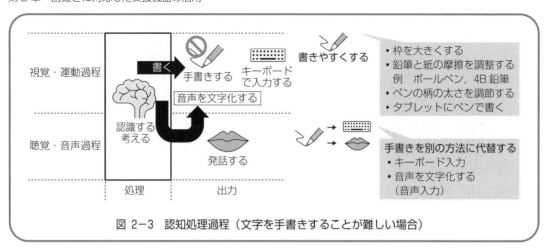

図 2−3　認知処理過程（文字を手書きすることが難しい場合）

文字をキーボードで入力することや，発声した音に換えるアプローチである（図2−3）。

　　上記のような文字を読みやすくする，音声化して聞いて理解する，文字を書きやすくする・手書きを別の方法で代替するというアプローチは，タブレットPC（以下，タブレット）やスマートフォン（以下，スマホ）といった ICT 機器が社会の中に浸透することによって，安価に実現できるようになった。

　　印刷物上の文字のように決まった大きさの文字が見にくい場合には，タブレットを用いてその印刷物の写真を撮って拡大して見るということができるし，印刷物の代わりに電子ファイルで情報が得られれば，文字情報を音声化して聞くことができる。

　　書くことについても，タブレットの利便性は高い。キーボードで文字が入力できることはもちろん，ペンでタブレットの画面上に書くことができるため，解答欄を拡大して表示したり，タブレットの表面シートを変更することで摩擦を軽減したりと，さまざまな調整が可能となる。近年では，音声認識技術が向上し，発話を文字化することも正確にできるようになった。

　　つまり，文章を目で見て読むことが流暢にできなくてもタブレット上の文章を音声で聞いて理解することができるし，文字を手書きで正確に書けなくてもキーボードで入力して文書を作成することができる。これまで読み書きに限定されていた学習の手段に，読み書き以外の選択肢が現れたといえる。

1　読み書きが苦手なことによって生じる学校でのバリア

　　読み書きが困難な子どもたちが学校で学ぶ際に，具体的に生じる困難・バリアはどのようなものであろうか。現在の学校では情報を得るために書籍・教科書・プリントといった紙の印刷物に書かれた文字を読むことが主要な手段と

なっている。しかし，紙の印刷物は一度印刷してしまうと文字の大きさやフォントを個人に合わせて調整することができず，音声化することもできない。そのため，小さな文字を読むことの難しい子どもや，白地に黒色の文字が読みにくい子ども，漢字が読めない子どもは，紙だと情報が得にくくなる。このように情報が紙の印刷物でしか用意されないことによって生じる社会的障壁は印刷物障害（print disability）と呼ばれる。

　また，学校では黒板に書かれた情報をメモしたり，自分の考えを表すために作文をする際には紙に文字を手書きすることが主な手段である。そのため，文字を書くことに時間がかかる子どもや，正確に文字を書くことができない子どもは，黒板に書くことができなかったり，作文を書く際に文章を推敲(すいこう)する機会をもてなかったり，テストで答えがわかっているのに正確に書けないために正当に評価されなかったりといった不利益を経験する。いわば，「手書き文字障害」である。

　つまり，読み書きが苦手な子どもが経験する学校でのバリアは，紙の印刷物中心の情報インプットと手書き中心の情報アウトプットになっていることによって生じている。情報が紙の印刷物ではなくタブレット内の電子ファイルなどで提供されれば，文字の大きさやフォントを変えて読みやすくし，読む代わりに音声化して聞くことで理解しやすくすることができる。また，手書き以外の選択肢として書く代わりに話す，キーボードで文字を打つ，写真を撮ることが認められれば，手書きが苦手であっても情報のアウトプットは十分に可能である。

　このように学校での学び方がひとつに限定されていることによって，その子どもがうまく学べないならば，その学び方に変更・調整を加え（別の手段を認める）学びやすくすることが，読み書きが苦手な子どもへの合理的配慮となる。

2　ICT を活用した支援

（1）アクセシビリティ機能と基本機能

　障害のある人，子ども，高齢者は，画面が見にくかったり，ボタンが押しにくいなど，タブレットなどの ICT 機器を使ううえでさまざまなニーズをもつ。いろいろなニーズをもつ人が ICT 機器を使いやすいように調整する機能のことを「アクセシビリティ機能」という。子ども主体で読み書きの困難さを補う筆記用具としてタブレットを利用する際には，この「アクセシビリティ機能」やタブレット端末が標準でもつ基本機能を組み合わせ，文字の読み書きをしやすくする設定を行うとよい。

　具体的には，「画面を見やすく調整する」「文字を打ちやすいキーボードを設定する」「音声読み上げの設定をする」の三つの設定を紹介する。アクセシビ

アクセシビリティ機能
PC・タブレット・スマホといった電子機器の用語として使われる場合は，その端末を使う際，それを使いにくい人のために用意された補助機能のことを意味する。画面の文字を大きく表示させたり，音声で読み上げたりする機能は代表的なアクセシビリティ機能である。

基本システム（OS）
operating system
コンピュータを動かす
ためのシステムのこ
と。PCのシステムと
しては「Windows」
や「Mac」などがあり，
スマホでは「Android
OS」や「iOS」などが
ある。

リティ機能や基本機能はタブレットのメーカーや**基本システム（OS）**によっ
て異なる。この教科書ではiOSで実現可能なことを例として取り上げるが，
ほかのメーカー・OSでもアクセシビリティ機能や基本機能を搭載しているの
で，適宜調べて対応するとよい。

（2）画面を見やすくする，調整する

　タブレット端末の画面を見やすくする工夫として，文字の大きさを変えるこ
と（iOSでは「さらに大きな文字」機能）と画面の色を変えること（iOSでは「ディ
スプレイ調整」機能，白黒反転・カラーフィルタ）の二つの調整ができる。

　読むのが苦手な子どもの中には，白地に黒い文字という一般的な形式は“ま
ぶしい”“字が動いて見える”“字が滲んで見える”など見にくいと感じている
場合がある。そのような場合には，図2-4のようなカラーシート（リーディン
グルーラー）を印刷物の上に乗せて，色を調整することが効果的な場合がある。
タブレット端末においては上述したディスプレイ調整の機能で画面の色を調整
し，画面全体に薄い色をつけて表示させることができる。

（3）文字を入力しやすいキーボードを設定する

　従来のパソコン（以下，PC）は，基本的に物理的なキーボードで文字を入力
していた。そのため文字入力は，「ローマ字入力」かキーボード上に配置され
た50個のひらがなを選ぶ「かな入力」をする必要があった。ローマ字入力はロー
マ字の表記の仕組みを理解したうえで，アルファベットのキーの位置を覚えな
くては使えない。かな入力はキーボード上にランダムに配置されたひらがなの
位置を覚えなくては使えない。そのため，PCは読み書きが困難な子どもがす
ぐに使える道具ではなかった。

　しかし，タブレットの文字入力は画面上で50音表のかな配列のキーボード
や，携帯電話形式の入力（フリック入力，図2-5），音声で話したことを文字に

本章では困難さに対応した支援機器の活用について，「読み書き」「見ること」
「聞くこと」「動くこと」「コミュニケーション」「認知理解」という6項目に分
けて整理をして解説する。特別支援教育における指導では障害種による分類で
整理をすることが多くあるが，それぞれの子どもたちの困難さを考えるときに
は必ずしも障害種では整理できない。
　例えば，肢体不自由特別支援学校に在籍する子どもたちを考えたときに，動
くことだけに困難さがあるのだろうか？　ある子どもは，学習へのつまずきに
読み書きが関係するかもしれないし，視知覚認知に課題があれば見ることに何
らかの課題があるはずである。そこで，本書では，そういった困難さに応じて
支援機器を使うことでどのように解決または補えるかを整理した。

図 2-4　リーディングルーラー

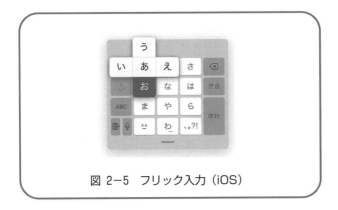

図 2-5　フリック入力（iOS）

してくれる音声入力，手書き入力を選ぶことができる。そのため，ローマ字入力ができなくても，それぞれが使いやすい入力を選ぶことができることから，文字を学習し始めた段階で活用することができる。

（4）音声読み上げの設定をする

タブレットはその多くが画面上の文字を音声で読み上げる機能（音声読み上げ機能，TTS〈text to speech〉）をもっている。電子メールやインターネット，文書作成をしている際に書かれた文字列の内容を確認する際，文字列を読み上げる機能（iOS では選択した部分を読み上げる「選択読み上げ機能」や画面上の文字を読んでくれる「画面読み上げ機能」，Android では Talk Back〈トークバック機能〉）が活用できる。

3　授業へのアクセス

（1）読むことの困難さを補助する

読みが困難であると，学校での情報のインプットに制限が生じることは上述した。学校において情報のインプットが生じる具体的場面は主に「教科書」「板書」「プリント」の三つがある。

1）教科書へのアクセス

紙の教科書を読むことが難しい子どもには，紙の教科書の代わりに音声でその内容を読み上げる教科書（通称,音声教材）が無償で提供される仕組みがある。音声教材の提供は「障害のある児童及び生徒のための教科用特定図書等の普及の促進等に関する法律（教科書バリアフリー法）」に基づき，2020 年現在六つの団体が音声教材（マルチメディアデイジー教科書，AccessReading，音声教材 BEAM，ペンでタッチすると読める音声付教科書，文字・画像付き音声教材，愛媛大学 UNLOCK）を提供している。4 種類の音声教材のうちマルチメディアデイジー教科書（図 2-6）と AccessReading（図 2-7）は，教科書の内容を音声で

音声教材
音声教材を手に入れるには，提供している各団体のホームページから利用申請を行う。

図 2-6　マルチメディアデイジー教科書

（日本障害者リハビリテーション協会）

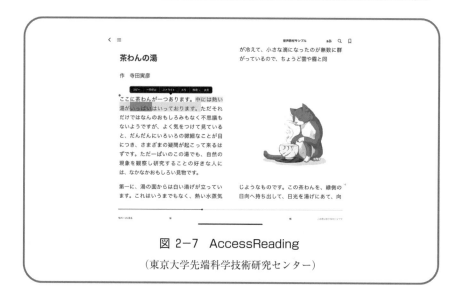

図 2-7　AccessReading

（東京大学先端科学技術研究センター）

読み上げる以外に，文字の大きさや文字色・背景色といった文章の見た目を個人の特性に合わせて変えることができる。

2）板書などの手書き文字へのアクセス

黒板の文字を読むことが難しい子どもは，黒板の内容をノートに書き写すことができても，それを読むことができない場合がある。そのような場合には，手書きで文字の読み方を調べられるアプリケーション（以下，アプリ。例えば，iOS・Androidで動作する「筆順辞典」，図2-8）が役に立つ。また，板書をカメラで撮影することを許可したり，板書の内容をプリントアウトして渡すなどの配慮をすることで，その場では読むことが難しかったとしても家庭で読み方を調べ，授業の内容を復習することに役立てられる。

図 2-8　筆順辞典で漢字の筆順や読み方を調べる

3）プリントへのアクセス

　教科書のように年間を通して活用される教材はあらかじめ音声教材を手に入れるなどの工夫をすることができる。しかし，授業中に教員が子どもに配るプリントは，授業ごとに教員が作成して配布する。プリントから文字を読み取ることが難しい場合は，教員が配布するプリントの電子データ（例えば，Word ファイルや PDF ファイル）を電子メールや USB メモリなどを通して子どもに提供することで，子どもはそれを**音声で読み上げる**など自分が読みやすい方法で扱うことができる。

　教員が元となる電子データを持ち合わせていない場合は，プリントの写真を撮り，写真から文字を読み取るアプリ（OCR）で文字を抽出することも可能である。

（2）書くことの困難さを補助する

　書くことが困難であると，学校での情報のアウトプットに制限が生じる。学校において情報のアウトプットが生じる場面は主に「ノートテイク・メモ」「問題への解答」「作文」の三つがある。

1）ノートテイク・連絡帳などのメモ

　学校において教員が板書をし，それを子どもがノートに書き写す活動は日々の学習活動に多く存在する。手書きが苦手な子どもは，板書を写す際，ほかの子どもよりも書くのが遅いため時間内にすべてを書ききれないという場合や，手書きをするとそれにすべての力を使ってしまうために教員の話を聞くことができない場合，手書きをするとひどく疲労してしまう場合，字が汚いために手書きした文字が自分で読めない場合などさまざまな壁に直面する。このような場合には，タブレットのカメラで写真を撮って記録したり，キーボードで文字を入力したりする方法が役立つ。

　板書は「黒板に書かれた文字を見るプロセス」と「見た文字をノートに書く

PDF ファイル
portable document format
　Adobe 社が開発する電子ファイルの形式のひとつ。作成した文書（文字や図が入ったもの）をさまざまな環境で見た目を変えずに表示することができる。

音声で読み上げる
　Windows で Word ファイルを音声で読み上げる場合には，Word のアドインソフト「和太鼓（無料，https://www.magicaltoybox.org/jalpsjp/wordaico/wordaico.html）」や「Word Talker（有料，https://www.east-education.jp/products/wt/）」が活用できる。iOS や Android などのタブレットの場合は，アクセシビリティ機能の中に搭載されている音声読み上げ機能で読み上げる。

和太鼓

WordTalker

OCR
　タブレットで使える OCR（optical character recognition，光学文字認識）アプリには，「Office Lens（Microsoft 製，iOS/Android/Windows 対応，無料）」「i よむべえ（株式会社アメディア製，iOS 対応，有料）」「読取革命（Panasonic 製，Windows 対応，有料）」などがある。

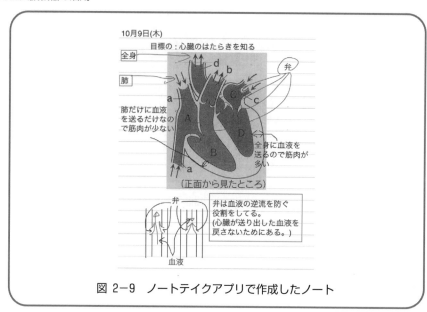

10月9日(木)

目標の：心臓のはたらきを知る

図2-9　ノートテイクアプリで作成したノート

プロセス」とに分けられる。カメラで写真を撮ることは，画像で記録するために使うだけでなく，撮影した写真を拡大して見やすくするという「見るプロセス」を補助することも可能であるため，黒板を撮影し拡大したものを手元に置いて書き写すという使い方をすることもできる。

　また，タブレットでノートをとることに特化した**ノートテイクアプリ**を用いれば，用紙の上に画像を入れ，そこに手書きで書き込みを入れたり，キーボードで文字を打ち込んだりと，写真と文字を組み合わせたノートをとることができる（図2-9）。

2）問題への解答

　プリントなどに解答を記入することが手書きでは難しい場合には，手書きの代わりにワープロソフトを用いることができる。上述したノートテイクアプリを使うことで，カメラで取り込んだ写真の上にワープロソフトで文字を書き込み，問題の解答をすることも可能である。

3）作　文

　作文を書くプロセスは主に「内容を考える」「文として表出する」「紙に文字を書き表す」に分けられる。作文が難しい場合には，このプロセスのどこに難しさがあるのかを確認する必要がある。

　作文で何を書いたらよいのかわからないという「内容を考える」プロセスに困難さがある場合には，まずアイデアマップを使ったり，大人と話をしたりして思考を整理するとよい。紙に**コンセプトマップ**を書いてもよいが，書くことが苦手な場合にはタブレットなどにアイデアマッピングツールを入れ，キーボードで入力できるようにすると，手書きの難しさを軽減し，アイデアを考え

ノートテイクアプリ
ノートをとることに特化したアプリ。タブレットで活用できるノートテイクアプリには，GoodNotes（iOS，Windows対応，有料），OneNote（iOS，Android，Windows対応，一部有料），MetamojiNote（iOS，Android，Windows対応，一部有料）などがある。

コンセプトマップ
物事の関係を地図のように図示して整理する方法の総称。現在では，タブレットやコンピュータ上でマップを作成するツールが多数存在し，活用することができる。

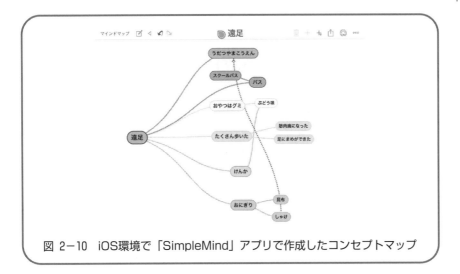

図 2-10　iOS環境で「SimpleMind」アプリで作成したコンセプトマップ

ることに集中できる（図2-10）。

　でき事や考えを「文として表出する」ことが難しい場合には，作文の本質の部分が難しいと考えられるため，簡単な文を作る指導を行う必要がある。

　「紙に文字を書き表す」プロセスが難しいという場合には，ワープロソフトを用いてキーボードで入力することや音声入力で入力することが役立つ。タブレットのワープロソフトを使えば，文章を縦書きで表示したり，原稿用紙に入れ込むことも可能である。

4　テストへのアクセスを保障する

　学校でのテストへのアクセスは，読み書きに困難のある子どもの学習を保障するうえで非常に重要である。読み書きに困難のある子どもが普段の授業や家庭学習で用いている学習手段でテストを受けることができなければ，学習への参加が保障されているとはいえない。とはいえ，実際にさまざまな障害や困難のある子どもが紙と鉛筆以外の方法でテストを受けることを考えたとき，ほかの子どもとは異なる方法であるがゆえに，その方法を認めることをためらう場合がある。異なる方法の中でも問題文を音声で読み上げる音声読み上げやワープロソフトの活用は，読み書きを別の方法で補うことになる。そのため，音声読み上げで問題を理解したり，ワープロソフトで解答するということが，通常の方法で読み書きするよりも有利に働くのではないかとの懸念が生じる。つまり，さまざまな障害や困難のある子どもの学ぶ権利を保障することが，皆が同じ条件で評価を受けることが公平であるとする考えとの間にコンフリクト（衝突）を起こしている。

　このようなコンフリクトを解消していくためには，各教科がテストで何を評

価するのかという各教科の本質的機能を明確にしていかなければならない。紙に書かれた文字を読むこと・手書きで文字を書くことが前提となってこれまでの教育が行われてきたために，各教科の本質的機能を明確にせずに，慣習的に皆が同じ方法でテストを受けることが公平だとされてきた。そうだとすれば，いま一度，教科の本質的機能をとらえ直し，さまざまな障害や困難を抱える子どもたちと対話する機会をもつ必要がある。なぜならば，障害ゆえに参加が制限されているならば，その制限を最小限にする努力をすることは，子どもの学ぶ権利を守るために必須の事がらであるからである。

コラム　中学校のテストで問題文の読み上げと解答にタブレットを活用した事例

　中学 1 年生の A，小学校低学年のころからひらがな・カタカナの習得に時間がかかり，特殊音節の習得が完全ではなかった。漢字が読めず，黒板を書き写すのに時間がかかった。小学校 3 年生のときに読み書きのアセスメントを受けた。小学生の読み書きの理解（URAWSS）を用いて読み書きの速度を測ったところ同学年平均程度であった。しかし，小学生のための読み書きスクリーニング検査（STRAW）でひらがな・カタカナの読み書きの習得度を測ったところカタカナ 1 文字の書き，漢字単語の書きで同学年よりも著しく習得度が低かった。小学校 4 年生からタブレットを使って読み書きを補うことに取り組み始めた。漢字の書き取りや計算ドリルの宿題の解答をタブレットで作成し，印刷して学校に提出していた。その後，通級指導教室において学校のテストを代読する配慮，解答をタブレットで打ち込む配慮を経験し，小学校 6 年生から通常学級でのタブレット使用を始めた。タブレットに教科書を入れて読み上げる，ノートに手書きをする代わりにタブレットで黒板の写真を撮る，作文やテストの解答で文字入力をするといった使い方をした。中学入学後は当初から学校でのタブレット使用を許可された。定期テストは，紙の問題用紙だと問題の内容を読み取ることができないことから問題用紙を PDF 化したものをパソコンに入れて音声で読み上げる方法がとられた。また，手書きでの解答が困難なことから解答用紙を iPad のカメラで撮影して取り込み，画像の上から文字をキーボードで打ち込むという方法で受けていた。タブレットでテストの解答をする際には，個別に用語を登録できるユーザー辞書機能やキーボードの変換学習機能があるとテストの条件をそろえることができない。そのため，テストの際にはユーザー辞書機能を無効化し，直前にキーボード変換学習の履歴を消去してリセットすることが，本人と学校との間で話し合われ，事前に合意がされていた。

5　テストでの配慮を行ううえで必要となる検討事項

　具体的に以下のような事がらを事前に検討する必要がある。

・解答に用いる機材の選定
・機材へのアプリの導入と設定
・問題用紙／解答用紙の提供
・教科で本質的に求められる内容と文字の読み書き困難から生じることによる
　配慮の切り分け
・解答用紙の提出
・評価のポリシー共有

　テストの問題を読むことが難しい子どもに音声で読み上げられる形式で問題用紙を提供するためには，複数の事前の確認事項が出てくる。テストを教員が作成している場合には元となる電子データが存在することから，それを子どもに提供することができる。しかし，小学校のテストは市販のものである場合も多い。市販のテストや一斉学力試験や入学試験においては，元となる電子データを教員が持っていない。その場合には，試験を受ける子どもとその保護者，試験を統括している機関と学校とで話し合いを行い，テストでの配慮の進め方を具体的に検討する必要がある。

6　まとめ

　それぞれの子どもの読み方・書き方が尊重され，学びへのアクセスが保障されるためには，個別の特性に合わせた変更・調整という合理的配慮の提供と，それを教室内で実現しやすくするための基礎的環境整備が必要である。支援機器はそのひとつの選択肢として子どもの学びに重要な役割を果たすと考えられる。

演習課題
・読み書きの認知処理過程は三つの水準に分けてとらえられる。その三つの水準について，まとめてみよう。
・読みの困難をサポートするアプローチは大きく二つに分けられる。その二つのアプローチについて，まとめてみよう。
・書きの困難をサポートするアプローチは大きく二つに分けられる。その二つのアプローチについて，まとめてみよう。
・情報が紙の印刷物でしか用意されないことによって生じる社会的障壁を何と呼ぶか，まとめてみよう。
・「手書き文字障害」はどのような場面で生じるか。考えてみよう。

❷　見ることの困難さ

見ることの困難さといった場合，細かな文字などを十分に見ることができないとか，全く見ることができないといった知覚面の困難と，細かな文字を十分に見ることはできるが，図形のまとまりや，図形の抽出などに困難が生じる認知面の困難があげられよう。本節で取り上げるのは，前者を想定している。つまり，十分に見えない「弱視」という状態と，視覚を活用して学習することが困難な「盲」という状態である。

「盲」と「弱視」という状態の境界はなかなか難しい問題である。医療の基準では，**ICD-11 による定義**「0.5 未満が視覚障害，0.05 未満が盲」がある。一方で，日本での定義は定められていない。教育での基準は学校教育法施行令第22条の3において特別支援学校の就学基準が示されている。それによると「両眼の矯正視力がおおむね 0.3 未満のもの又は視力以外の視機能障害が高度のもののうち，拡大鏡等の使用によつても通常の文字，図形等の視覚による認識が不可能又は著しく困難な程度のもの」といった定義がある。このような数字で区分けすることは，制度設計のうえで必要な面もあるが，社会モデルで障害をとらえようとする場合，例えば，通常の教科書（文部科学省検定本）が難なく読めるかとか，黒板の文字を写し書きできるかとか，最大の拡大教科書を難なく読めるかといった視点で困難をとらえることも重要である。このように，治療や**屈折矯正**をしてもなお，学習や生活面に支障を伴う視機能の低下が永続的にみられる状態を，医療ではロービジョンと表現することがある。しかし，日本においてロービジョンの定義が定まっていないことや，ICD-11 では，ロービジョンという用語が用いられていないことから，本節では，教育分野で用いられてきた，盲と弱視ということばを用いる。盲は普通の文字（墨字）を用いて学習することが困難で点字や音声による学習が適当な状態で，弱視は拡大や視覚補助具などを用いることで普通の文字による学習が適当な状態である。

ICD-11 による定義
ICD-11 は the international classification of diseases 11 の略。国際的な疾病の分類で，2018 年に示された。ここで示した定義は遠見のもの。

屈折矯正
遠視や近視，乱視などを光学的に補正して正視の状態にすること。

1　特別支援教育と ICT の親和性

特別支援教育で ICT を用いる際の親和性について考えてみる。サイモン（Simon, H., 1969）は，伝統的なテクノロジーの特徴について，限定的，不変，機能が明瞭という点を指摘した。パパート（Papert, S., 1980）はデジタルテクノロジーの特徴として，変幻自在，不安定，不明瞭といった点を指摘した。これらすべてをここで論ずることはできないが，例えば，紙と鉛筆は伝統的なテク

ノロジーである。紙と鉛筆があれば，それを見た多くの人たちは何かを書く（描く）ことを考えるだろう。つまり，道具と目的が限定的である。したがって目的のための道具を選択しやすく，操作も手慣れている場合が多い。一方，デジタルテクノロジーは，PC を何に使うかと尋ねられると，「ネットショッピング」「手紙を書く」「ゲームをする」など実にさまざまで，この点で目的と道具の関係性が変幻自在である。したがって，デジタルテクノロジーを利用するためには，目的と道具の対応を考えなければならず，考えるためには学習する必要がある。

　この特徴を特別支援教育の視点でみてみる。紙と鉛筆で書いた文字に対して，例えば，紙を左右に引っ張っても文字が拡大されたり，指で文字をなぞることで，音声で読み上げることを見込むことはできない。この点，デジタルテクノロジーであれば，指を画面上で広げると文字が拡大できるし，文字を読み上げさせることも可能となる。不可能な機能であっても，将来，可能になる可能性を秘めている。このことを別の視点でみてみると，伝統的テクノロジーは，鉛筆を握って器用に動かすことができ，鉛筆で書くべき文字を頭の中で想像することができ，書いた文字を見ることができるといった，さまざまな条件が整った人であれば活用が可能となるが，それらに困難さのある人にとっては使えない道具となり，道具を伝統的テクノロジーに限定してしまうと，その制度が**社会的障壁**になりかねない。しかし，デジタルテクノロジーであれば，そういったさまざまな利用者側の条件がそろっていなくても，文字を書くという目的を達成する可能性を秘めていることになる。つまり，伝統的テクノロジーは利用者を選択するが，デジタルテクノロジーは利用者の間口が広いといった点で，ICT は特別支援教育と親和性が高いといえる。

社会的障壁
p.3 参照。
道具を限定することは社会的障壁を生み出すことにつながる可能性が高いことを意識する必要がある。

2　弱視のある子どもの ICT を活用した支援

（1）弱視の支援の基本的な考え方

　「弱視の支援について，何が重要ですか？」と尋ねられて，何と答えますか？私なら「大きく，はっきり，ゆっくり」と答える。その考え方を紹介する。

　図2-11 に示したのは，コントラスト感度曲線である。横軸には空間周波数，縦軸にはコントラスト感度をとった図である。横軸は，右に行くほど単位空間あたりの縞の密度が高くなる。つまり，空間周波数が高くなっていることを意味し，具体的には，大きさが同じならば，画数が少ない漢字ならば左のほう，画数が多い漢字ならば右のほうに該当する。あるいは，同じ混み合い度の文字だとすると，左のほうは文字サイズが大きく，右のほうは文字サイズが小さいことに該当する。縦軸はコントラスト感度である。下のほうはコントラストが高くないと縞を知覚できないため，コントラスト感度は低いことになる。上の

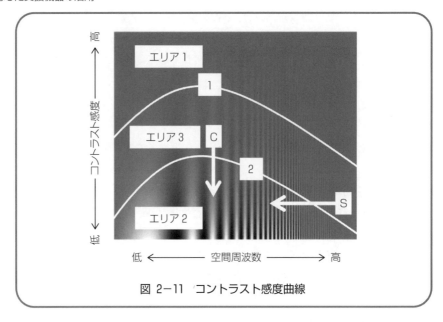

図 2-11　コントラスト感度曲線

ほうはコントラストが低くても縞を知覚できるため，コントラスト感度が高いといえる。ある空間周波数でコントラストを徐々に下げていって，どの程度まで下げるとぎりぎり縞が知覚できるかを調べたグラフが「1」と「2」のグラフである。このようにして求められたグラフをコントラスト感度曲線と呼ぶ。このコントラスト感度曲線の上のエリアの物理特性の文字や図形，つまり，このエリアの大きさやコントラストをもつ文字や図形は知覚できないこととなる。一方，コントラスト感度曲線の下のエリアの物理特性をもつ文字や図形は知覚できることになる。ここで「1」のグラフは晴眼の人の平均的なもの，「2」のグラフをある弱視の人のものだとする。

　エリア1は，晴眼の人はもちろん，弱視の人も知覚できない物理特性なので，この特性をもった文字や図形があったとしても，だれも知覚できないので，問題になることはない。また，エリア2は，晴眼の人も弱視の人も知覚できる物理特性なので，この特性をもった文字や図形があっても，いっしょにそれを共有できるため問題になることはない。しかし，エリア3はどうだろうか。晴眼の人には見えるが，ある弱視の人には見えない物理特性である。つまり，晴眼の人には見えているが，弱視の人には見えない文字や図形ということになる。そんなとき，弱視の人が見える物理特性にする方法が2種類ある。ひとつは「S」の矢印，つまり，文字や図形を拡大すること。二つめは「C」の矢印，つまりコントラストを大きくするということである。

　さらに，**コーン**（Corn, A. L., 1989）は，これら二つに，時間の要素を加えた考え方を示している。つまり，変化が速すぎても，遅すぎても知覚しにくいということである。これらを合わせると，「大きく，はっきり，ゆっくり」とい

コーン
コーンは，弱視の視活動に与える要因として，視機能，個体性，環境手がかりの三つをあげた。環境手がかりの中の要素として，色・コントラスト・時間・空間・明るさが含まれている。

うことになる。ここで注意が必要なのは，「大きく」といっても，ただ大きくするのではなく，適度に大きくすること。「ゆっくり」といっても，速度が遅いものについては適度に速くすることを含んでいる点である。

(2) 弱視のある子どもの ICT の活用

　弱視のある子どもに対する ICT の活用について解説する。氏間は，タブレットの活用の様式について，学ぶ（学習）ための原料（材）という意味で「学習材」，教える（教授する）際に利用される原料（材）という意味で「教授材」，見えやすいようにしたり，機能を代替したりするための「補助具」，本来の活用法である「情報処理機器」の四つに整理して紹介した[1]。これらの項目の境目は互いに重なり合っている部分がある。本節では，これらの枠組みを統合して紹介する。

1）大きくするツール（大きさを適切にする）

　大きくして見せる場合，何を大きくするかというと，網膜に映る像の大きさである。例えば，紙に書かれた文字を眼に近づけると大きく見える。この現象は，紙に印刷された文字のサイズは一定であるが，目に近づけることによって，網膜に映っている像（網膜像）のサイズが大きくなったために起こる現象である。

　網膜像を大きくする方法として主に四つの方法が提案されている[2]。ひとつ目は拡大コピーや大活字本などのように素材そのものを拡大する方法，二つ目は素材に目を近づけて拡大し，その視距離に応じて拡大鏡を利用する方法，三つ目は遠くのものを望遠鏡で拡大して見る方法，四つ目はカメラで写した素材をコンピュータで処理して画面に映し出す方法である。本節は ICT の活用がテーマであるため，主に四つ目の電子的拡大を取り扱うが，弱視のある子どもに対する**拡大法**として，これら四つの拡大法があり，その中のひとつの方法を本書で取り扱っていることを意識しておいてほしい。網膜像を拡大するのに ICT を用いることは効果的である。

- ①　**素材そのものを拡大する**　　素材そのものを拡大する方法には，素材をそのまま縦横に同じ倍率で引き伸ばして拡大する方式と，素材のレイアウトを変更して拡大する方式がある。前者をストレッチドアウト（stretched out），後者をリフォームド（reformed）という[3]。
- ストレッチドアウト：ストレッチドアウトは主にコピー機などを用いて行われる。例えば，A4 サイズの資料を A3 に拡大するといった具合である。すでに印刷された資料がある場合，それを拡大コピーすることで拡大されるため，とても手軽である。さらにコピー機の中には白黒反転してコピーしたり，濃さを変えたりしてコピーする機能をもち合わせている機種もあるため，コントラストの向上を行うこともできる。この方法を用いる際，用紙サイズの知識は不可欠である。**A 判用紙のサイズ**と倍率の関係を図 2

拡大法
これら四つの拡大法は，専門的には (1) 相対サイズ拡大，(2) 相対距離拡大，(3) 角度拡大，(4) 電子的拡大と呼ばれる。

A 判用紙のサイズ
A0 ～ A7，B0 ～ B7まである（JIS 規格）。

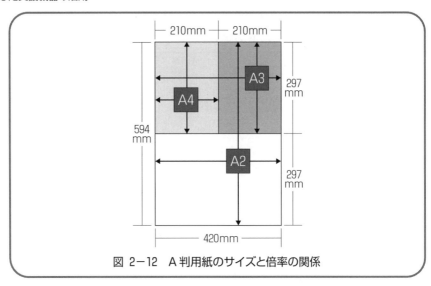

図 2−12　A 判用紙のサイズと倍率の関係

−12 に示した。この図からもわかるとおり，A4 から A3 に拡大した場合，視距離を変えないで見たとすると網膜像は 1.41 倍に拡大される。A4 サイズの用紙に印刷された文字を 2 倍にしようとすると A2 サイズに拡大する必要がある。A2 サイズというと新聞紙の 1 面分の広さに相当する。A4 サイズの用紙と比較すると面積は 4 倍である。最近大型プリンタが普及してきたとはいえ，A2 に印刷された試験用紙で解答することを考えると，現実的ではないだろう。ストレッチドアウトは，このように手軽である一方で，比較的低倍率の場合に利用することが実用的であるといえる。ただし，それらの特性を十分に熟知したうえで，活用すると効果的な方法でもある。

　図 2−13 の写真は，ある小学校の弱視特別支援学級での授業の様子である。弱視のある小学生が地図を観察している。この地図は教科書の一角に掲載されている町の地図で，それを B0 サイズ（1,030mm × 1,456mm）に拡

図 2−13　町の地図を B0 サイズに拡大して観察している様子

大して印刷し，その上に厚手のビニールシートをかぶせている。子どもは
そのビニールシートの上に乗り，地図を観察する。道路地図を思い出して
いただければわかるとおり，地図を拡大して，持ち運べる用紙のサイズに
印刷しようとすると，多くのページを行き来して観察することを余儀なく
される。このように分断された地図を観察することは慣れが必要であるた
め，地図を習い始めた小学生には不向きである。大きな紙面に一続きに印
刷された地図があることで，地図の学習が始まったばかりの小学生にとっ
ては理解が促されるし，B0 サイズまで拡大されることで，弱視の状態で
あっても，ずいぶん見やすくなる。

　このとき用いられる ICT は，教科書の図をコンピュータに取り込むた
めに利用するスキャナ，取り込んだ画像データを**二値化処理**して，コント
ラストを高めるために用いられるコンピュータ，B0 サイズの用紙に印刷
する大型プリンタである。これらの ICT 機器を活用するとこのような実
践が可能となる。

- リフォームド：リフォームドは，拡大教科書に象徴されるように，レイア
ウトを再編集して文字を拡大する方法である。したがって，用紙のサイズ
を大きくしなくてよく，文字の上限もストレッチドアウトと比較すると大
きくなる。用紙のサイズをそのままにして，文字を拡大すると，原本教科
書では 1 ページに収まっている情報が，拡大教科書になると数ページにわ
たることになる。その結果，拡大教科書はページ数が増加する。そのため，
拡大教科書は分冊になることがほとんどである。

　拡大教科書では，文字の背景が白抜きになっていたり，矢印に黒の輪郭
線が描かれたりしている。このように拡大教科書は単に文字を拡大するだ
けでなく，より弱視のある子どもが視覚で認識できやすいように工夫され
ている。

　このとき用いられる ICT は，さまざまである。少なくとも，レイアウ
トを変更するためにはワープロソフトを利用する必要がある。さらに画像
の編集となると，画像編集ソフトも必要である。

② **タブレットを用いて拡大する**　　タブレットを用いて拡大することは，
手軽であり，即時的な対応もでき，とても有効な方法である。特に，
Apple 社の iPad は，**拡大鏡**という機能が実装されており，とても便利で
ある。

- 拡大鏡機能：拡大鏡機能は，iPad や iPhone などに搭載されている機能で
ある。図 2−14 に拡大鏡機能の設定手続きを載せた。拡大鏡機能は，設定
アプリを起動後，「アクセシビリティ」「拡大鏡」と**タップ**して，拡大鏡を
オンにする。拡大鏡機能の起動は，ホームボタンを 3 回素早くクリックす
ることで行える。この操作を**ショートカット**という。これは，ホーム画面

二値化処理
画像を白と黒の 2 階調に変換する処理のこと。紙に印刷された図などをスキャナで取り込むとき，紙の部分は真っ白にはならないし，文字も真っ黒にはならない。そこで，白は真っ白，黒は真っ黒の二つに置き換えることで，コントラストが向上し，見やすくなる。

拡大鏡
社会科見学などで拡大鏡を利用する場合は，事前に施設と相談しておくことが必要である。フリーズ機能を利用すると画像が本体に残らないことを十分に説明することで，許可が下りやすくなる。

タップ
画面を軽くたたくこと。

ショートカット
アクセシビリティを起動する際にホームボタンを素早くトリプルクリックする手続きをショートカットと呼んでいる。ホームボタンがない機種では電源ボタンをトリプルクリックする。機能を終了する場合は，ホームボタンをクリックするか，電源ボタンを押すか，ホームボタンがない機種の場合は，画面下から上にスワイプする。

31

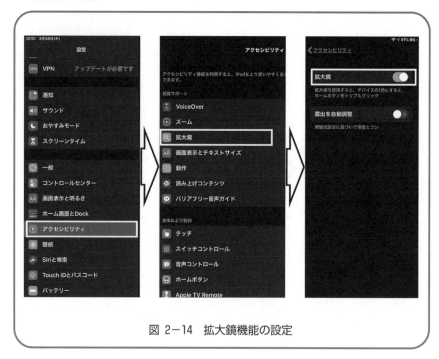

図 2−14　拡大鏡機能の設定

であっても，何らかのアプリを起動中であっても，スリープ状態であって
も利用できるので，即応性に優れている。終了時はホームボタンをクリッ
クする。また，拡大率や配色などの設定を記憶しているため，設定を再度
行う必要がなく便利である。

　拡大鏡機能を使うことで，拡大して見せることはもちろんであるが，画
面をフリーズさせることもできるため，見せたいものを画面にフリーズさ
せた状態で見やすい位置に iPad を保持して見ることも可能である。また，
拡大した状態でフリーズすると，フリーズ画面を上下左右にスクロールし
て画像を確認することもできる。フリーズは画像データが本体に保存され
ないため，写真撮影が禁止されている場所での利用も可能である。

　そのほかにも，LED ライト付きの機種であればライトを光らせて暗所
でも明るく映すことができる。また，白黒反転などのさまざまなフィルタ
機能も利用できる。

・カメラにより撮影して拡大する：カメラを利用しても拡大鏡と同じような
効果を得ることができる。カメラの場合は，拡大鏡機能と同様に，ライブ
映像を見せることと，撮影した画像を見せることの両方での提示の仕方が
可能である。カメラアプリは，静止画，Live Photos，連写，スクエア，
パノラマ，撮った写真の編集や書き込みなどのさまざまな機能を利用でき
るところが長所である。Live Photos および連写はスピードの調整になる

撮影した画像を見せる
iPad で写真を撮影し
た直後，シャッターの
下に出てくるプレ
ビュー画像をタップす
ると，すぐに画像を表
示させることができ
る。その画面で大きく
ピンチインするとカメ
ラモードに戻り次の撮
影を開始できる。

ため，後述する。

- 静止画：静止画は写真を撮影してその場で拡大して見せることができる。遠くのもの，小さいものなど，弱視のある子どもにとって見えにくい事物を撮影して見やすく拡大して見せることが可能である。遠くにあるものだと指をさして「あそこの…」といった説明になってしまう。しかし，写真を撮って手元で「ここの…」といった具合に説明すると，確実に見せたいものをさし示すことができるため，教育上確実に指示ができ，とても効率的である。また，画像を見ながらピンチイン／アウト操作で縮小／拡大を行えるため，全体と部分の関係を認識しやすいといった効果も期待できる。

- パノラマ：パノラマは尺の長い写真を撮影することができる。長い列車や高いタワーなどさまざまな素材が思いつくだろう。パノラマというと，横長の写真を想像することが多いだろうが，iPadでは横長，縦長の撮影が可能である。また，パノラマ撮影の場合はカメラをゆっくりと水平または垂直に動かす必要があるが，その方向も，右から左，左から右と変更することが可能である。図2-15に画面の様子を示した。

- 編　集：写真を示す場合，指さしだけで行うよりも，矢印や囲みなどでマークして示したほうがより効果的に伝えられることもある。iPadなどでは撮影した写真に手書きで書き込んだり，キーボードで書き込んだりすることができる。書き（描き）込みを行った例を図2-16に示した。

図 2-15　パノラマ撮影モード

図 2-16　写真への書き込み

- スタンドやアームの利用：タブレットを書写カメラや中継用のビデオカメラのように利用する場合や，後述する Live Photos や連写で撮影する場合，タブレットの固定は重要である。スタンドおよびアーム類は目的によって使い分けることが必要となる。各種スタンド，アーム類を図 2-17 に示した。スタンドは主に机上に置いてタブレットを立てるために用いるものである。手で保持しなくても，タブレットを見やすい角度に固定できて便利である。アームは主にタブレットをホルダーで固定して，空中で保持するために用いる。黒板や机上のものを写すために固定したり，見やすい高さや角度で保持したりする際に用いる。アームの場合，腕の数と関節の数で可動域が異なる。また，机に固定する際，クランプ類で挟み込んで固定するタイプと，強力な吸盤で机上に固定するタイプがある。

　　自教室や特別教室などの間で持ち運びすることが多い場合はコンパクトに折り畳めて，設置と撤去が短時間で行える吸盤タイプが向いている。自教室である程度固定して利用できる場合は，クランプ型でしっかりと机に固定できるタイプが向いている。しっかりと固定できる分，腕が長かったり，重量のあるタブレットを空中で保持する性能が高かったりするためである。

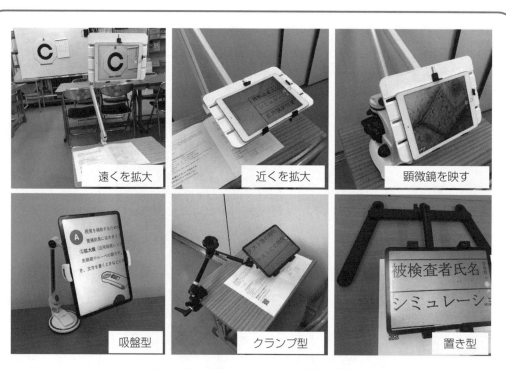

図 2-17　各種スタンド，アーム類の例

- 顕微鏡：顕微鏡の観察は，見えにくい子どもにとってとても困難な活動の
ひとつである。最近では顕微鏡自身にWi-Fi機能が付いていて，顕微鏡に
タブレットなどを接続して映し出したり，顕微鏡用のカメラが手に入った
りするので，そういった器具がある場合は，ぜひ活用してほしい。そのよう
な機器がすぐに手に入らない場合は，タブレットやスマホのカメラで顕
微鏡の接眼レンズをとらえて，画面に映し出すことも考えられる。タブレッ
トで撮影する場合は，クランプ型のアームでネジではなくバネで固定でき
る機種が扱いやすい。図2−17に示したアームの中では，上段の写真で紹
介しているアームがバネ式固定の例である。コツは，顕微鏡の接眼レンズ
の**主面**とタブレットのカメラのレンズの主面を平行に保つことと，**光軸**を
合わせることである。操作に慣れてしまうと，子ども自身でも設定が可能
になるので，ぜひ目ざしてほしい。

2）はっきりするツール（コントラストを上げる）

「はっきりする」とは，コントラストを上げることを意味する。この場合も，
拡大と同様に網膜に映った像のコントラストを上げることが目的である。ICT
を活用してコントラストを上げる場合，背景と前景との間の明るさの比を大き
くするとか，白黒反転にするといった方法を用いることができる。

- 一本指・上／下フリック：iPadなどのカメラで撮影する場合，撮影する
ときにあらかじめコントラストを高くしておくと，そのままコントラスト
の高い画像を見せることができ，効率的で，効果的である。**露出と焦点の**
固定は，カメラアプリを起動した後，画面を1本指でタップすると四角い
枠が表示される。この状態で，1本指で上にフリックすると露出は上がり
全体的に明るく見えるようになり，下にフリックすると露出が下がり全体
的に暗く見えるようになる。例えば，星空や夜景，薄暗い部屋の中などで
の撮影には露出を上げて明るくするとよいし，太陽や炎，電光掲示板な対
象が明るいものの場合は露出を下げるとよい（図2−18）。もちろん撮影し

主面・光軸
主面の定義は難しい
が，ここでは顕微鏡の
接眼レンズの枠とタブ
レットの板が平行であ
れば，それぞれの主面
同士も平行であるとい
える。また，光軸を合
わせるとは，接眼レン
ズとタブレットのカメ
ラのレンズの中心同士
を合わせるといった理
解でよいだろう。

露出と焦点の固定
iPadなどのカメラア
プリは被写体とのぼや
け具合や明るさにより
自動で露出と焦点を合
わせる。しかし，今回
のように露出を意図的
に変えたいときにこの
機能が働くと扱いにく
い。そこで，カメラの
画面を1本指で長押し
することで，露出と焦
点を固定できる。固定
した状態で，1本指上
／下フリックにより露
出を変更することも可
能である。

カメラの露出を最低値にして日中の太陽　弱視のある子どもが太陽を観察し
を観察した画面　　　　　　　　　　　　ている様子

図 2−18　露出を下げて撮った昼間の太陽

た後，編集で明るさを変えることができるが，撮影時に露出を変えておくと効率的に観察させることができる。

- 白黒反転：目の中に濁りなどがあるなどして眩しさを訴える子どもの中には，白い光が目の中で乱反射して眩しさを引き起こしたり，黒い文字に侵食して文字が読みにくかったりすることがある。こういった場合，背景を黒，文字を白にすることで，ずいぶんと読みやすくなることがある。例えば，ホワイトボードを撮影した写真を白黒反転することで，黒板に書いたように表示することができる。方法は，設定アプリを起動して行う。手順を図 2-19 に示した。なお，反転は常時，その状態にしておくことよりも必要なときに反転して，不要になったら戻すといった使い方を好む人のほうが多いように思われるため，ショートカットでの設定方法を紹介した。

  ここで，「色を反転（クラシック）」と「色を反転（スマート）」があるので，どちらかを使い分ける必要がある。これらの表示の様子を図 2-20 に示した。「色を反転（クラシック）」は，画面に表示されたすべてのものを反転して表示する。そのため，人物などの写真を反転すると認識が困難となる。

3) ゆっくりするツール（速度を適切にする）

ゆっくりするツールとして ICT を利用する場合，iPad や iPhone などはとても効果的である。速い動きをゆっくり見せたい場合は，スローモードで録画するとよいし，動きが遅いものを速い速度で見せたい場合は，タイムラプスモードで録画するとよい。例えば，速い動きのものを遅く見せる事例として，沸騰の様子，飛んでいるボールの軌跡，車窓から見える景色，投球・マット運動・鉄棒などの動き，花火の様子，炎の燃える様子などをあげることができる。一方，動きの遅いものを速く見せる事例としては，雲の動き，日時計の動き，開花，調理中の食材の変化，かたつむりなどの動き，氷が溶ける様子などをあげることができる。

- Live Photos：Live Photos の撮影は，カメラアプリの写真モード，Live Photos をオンにした状態にして行う。撮影は通常の写真撮影と同様にシャッターアイコンをタップするだけである。シャッターアイコンをタップしたときの前後 1.5 秒ずつ，合計 3 秒の映像と音声を撮影することができる。したがって，シャッターアイコンをタップする前後で iPad がブレないようにしっかりと固定しておくときれいに撮影できる。

  Live Photos で撮影した写真は主に二つの用途が考えられる。ひとつ目はベストショットを選択することで，二つ目はエフェクトをかけることである。ひとつ目のベストショットとは，合計 3 秒間のショートムービーの中から，必要な静止画を切り出すことである。動きの速い事象を撮影して静止画で見せたいときには有効である。二つ目は，3 秒間の動画を繰り返し再生したり，再生と逆再生を繰り返したり，写真を重ね合わせて長時間

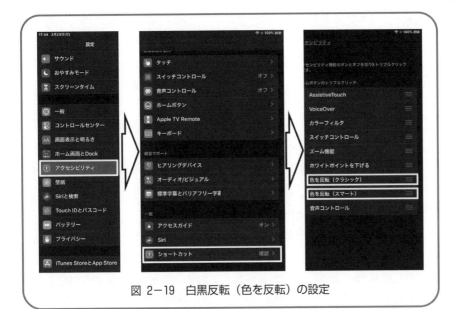

図 2-19　白黒反転（色を反転）の設定

| 通常 | 色を反転
（クラシック） | 色を反転
（スマート） |

図 2-20　色を反転（クラシック）と色を反転（スマート）の設定

露出状態にしたりなど三つのエフェクトをかけることができる。落下運動などを1枚の写真で見せたいときには露出のエフェクトが効果的である。
• 連写：iOS 機器の写真モードでシャッターを長押しすると連写することができる。1秒間に10枚の写真を撮影することができるため，写真を0.1秒に1枚の間隔で撮影することができる。投球フォームや走り幅跳びの踏切，落下や振り子などの理科の実験など動きの速いさまざまな事象をコマ撮り写真で確認できる。

iOS 機器
最近の iOS 機器ではフレームレート（p.38参照）を設定できる。スローモードは120fps，240fps，ビデオは30fps，60fpsなどに設定できる。これらの仕様は変化するのでそれぞれのマニュアルを参照されたい。

- スロー：iOS 機器のスローモードは，１秒間に 120 コマで動画を撮影することができる。通常の動画が１秒間に 30 コマで撮影されるため，スローモードでの撮影ではその４倍の密度で撮影できることになる。そのためスローモードの動画はとてもクリアに撮影される。この撮影も，先の連写であげたような事象を撮影して見せると効果的である。さらにスローモードでは連続的に見せることができるため，体育や理科の実験では特に効果的である。理科の沸騰する様や沸騰石の様子をスロー撮影すると，泡がビーカーの底から素面に移動するのがよく見える。その際，コントラストを上げるために背景に黒い板を立てるといった環境整備も重要となる。

- **タイムラプス**：このモードも iOS 機器のカメラアプリに搭載されている。タイムラプスは**フレームレート** 1fps で撮影することができる。10 分の事象を 10 秒の動画で撮影できる。これは変化に時間がかかる事象を見せるのに効果的である。開花，日の出・日の入り，雲の動き，かたつむりの動きなどさまざまな場面で利用可能である。撮影の際は，カメラを固定しておくと撮影された動画が見やすくなる。

タイムラプス
iPad などのタイムラプスは撮影時間によってフレームレートが異なり，それを調整することはできない。

フレームレート
動画の時間的な間隔を表すときに用いられる。fps（フレームパーセカンド）という単位が用いられる。１秒間に何フレームの動画であるかを表す。

4）拡大読書器

　広く電子機器ととらえると，拡大読書器も含まれる。拡大読書器は，CCTV（closed circuit television：閉回路テレビ）とか，EVES（electronic vision enhancement system：電子的視覚拡張システム）などと略されることがある。カメラでとらえた画像をコンピュータで処理して画面に映し出す視覚補助具である。カメラでとらえた画像をコンピュータで演算処理してディスプレイに表示するといった基本的な構造は共通している。この演算処理で見え方に大きく影響する機能のひとつに，前掲した二値化処理がある。二値化処理を施すことでコントラストが向上し見えやすくなる。そのほかに画面上に罫線を表示したり，配色を変更したりなどさまざまな機能が搭載されている。機種によってはカメラの角度を変えることで，机上と遠方の両方，さらには自画撮りができる機種もある。遠方撮影は黒板を見るのに便利であり，自画撮りは，化粧をするときに便利である。拡大読書器は，安定した鮮明な画像が大画面で得られること，画面に表示した画像を教員と子どもとで確認することができること，単機能で操作しやすいなどの長所がある。

　拡大読書器は，卓上型と携帯型に大別できる。さらに卓上型は XY テーブル式，アーム式，折り畳み式がある（図 2-21）。XY テーブル式は XY テーブルの上に読み物を乗せて XY テーブルを操作して読むことができるため長時間読書するのに向いている。アーム式は机上に置いた読み物を映すことができたり，遠方を写したり，自分を写したりできる。XY テーブルのように設置面積が大きくなく，机上を広く使えるため，学校の机上や事務作業に向いている。折り畳み式は折り畳んで小型化できるため可搬性が高い。学校や仕事で持ち運びが

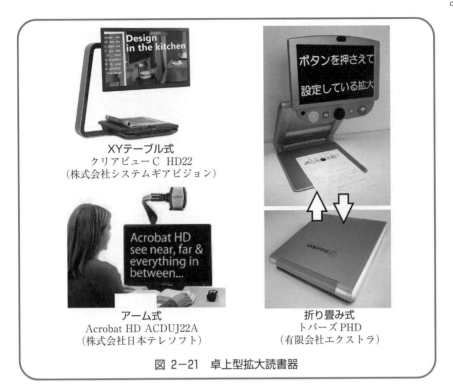

XYテーブル式
クリアビューC　HD22
（株式会社システムギアビジョン）

アーム式
Acrobat HD ACDUJ22A
（株式会社日本テレソフト）

折り畳み式
トパーズPHD
（有限会社エクストラ）

図 2-21　卓上型拡大読書器

必要な場合に向いている。携帯型の拡大読書器はカバンなどに入れて持ち運べ
るため，電子ルーペのような扱い方ができる。

5）パソコン（PC）

PC の主なものには，Windows や Mac があるが，最近の基本システム（OS）
には，あらかじめ，さまざまな立場の人たちが使いやすくするための機能が搭
載されている。呼び方は，簡単操作，アクセシビリティ，ユーザー補助などメー
カーによって異なるが，それぞれのシステムで調べてみてほしい。

図 2-22，図 2-23 には，Windows と Mac の操作の一例を示した。
Windows では「簡単操作」という項目の中に，多様なニーズをもった利用者
のための各種設定が集められている。弱視のある子どもが利用する項目として
は「ディスプレイ」「拡大鏡」「カーソルとポインター」「ハイコントラスト」
などが考えられる。

「ディスプレイ」には，文字サイズ，全体のサイズ，アニメーション表示，
表示の透明性，デスクトップの背景画像の表示などについて設定できる。弱視
のある子どもの場合，例えば背景画像を非表示にしたり，透明性を非適用にし
たりすると，背景を単色で単純化でき，網膜像のコントラストを向上すること
ができ，視認性の向上が期待できる。そのほかにも，部分的に拡大したい場合，
拡大鏡を設定しておくことで，【Windows】キー＋【＋】キーで拡大，
【Windows】キー＋【－】キーで縮小ができ，手軽に画面の必要な部分を拡大し

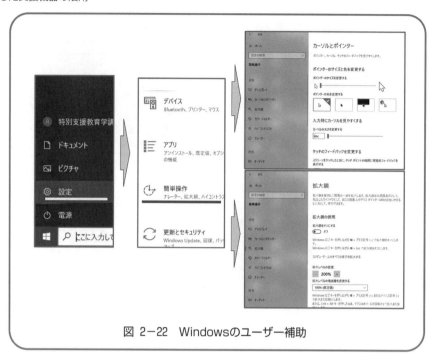

図 2−22　Windowsのユーザー補助

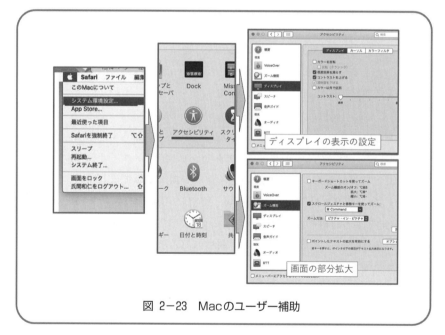

図 2−23　Macのユーザー補助

タッチタイピング
PCなどでキーボード入力をするときに，キーボードを見ずに指先の感覚だけで打鍵すること。

て見ることができる。このような設定をしておくだけで操作性が格段に向上する。さらに，このようなショートカットキーを操作する際，毎回，【Windows】キーを探したり，【+】キーを探したりしていたのでは操作性の向上は部分的になってしまう。弱視のある子どもにとっても**タッチタイピング**の習得は必須である。

3　全盲の子どもの ICT を活用した支援

　全盲の子どもの場合，視覚情報を触覚情報化したり，聴覚情報化したりすることで情報を得ることができる。

（1）触覚情報化による支援

1）点字製作システム

　点字を製作することは，視覚障害教育での ICT 機器利用においてとても重要な機能のひとつである。いくつかの方法があるが，主に，すでにあるテキストデータを点字データに変換する方法と，点字エディタで点字を入力する二つの方法がとられる。どちらの機能もカバーしているソフトウェア（以下，ソフト）に，「EXTRA for Windows Version 7」がある（図 2−24）。このソフトは，テキストデータをかなテキストデータと点字データに変換することができる。変換後，点字を直接校正することも，かなを校正することもできる。したがって，普段点字を直接読むことがない場合は，かなを見ながら校正することができる。こうすることで正しい点字の文章を効率的に作成することができる。また，**分かち書き**などの点字の規則を知らない場合であっても，自動変換機能によって，かなり精度の高い点字の文書を作成することができる。複数候補選択機能や，点字の分かち書きなどのマスあけ補正を行う機能により，点訳作業の効率がと

分かち書き
文節と文節の間に区切りとして空白を挿入すること。複雑なルールがあり，判断基準が難しい。

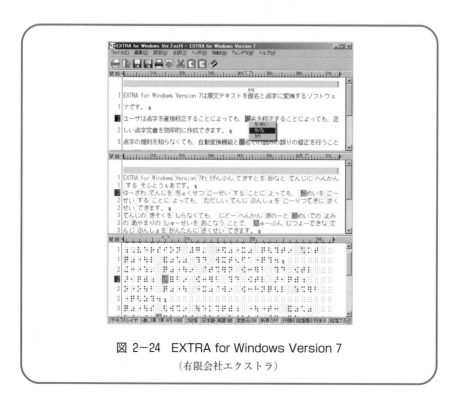

図 2−24　EXTRA for Windows Version 7

（有限会社エクストラ）

ても高いソフトである。テキストファイル，Microsoft Word，一太郎，HTML，PDF など各種形式のファイルを元に，テキストデータを読み込んで点字に変換できる。とはいっても，最終的に校正するのは人であるため，点字の書き方，表記法については十分に理解を進めておくことが求められる。子どもたちに間違った点字を配布することがないようにしなければならない。

　点字の印刷は，点字プリンタを用いるのが一般的である。PC には点字フォントをインストールして使用する。点字プリンタは大型で高速印字が可能なものから，点字と墨字（通常の印刷文字）を同時にプリントできるもの，ラベルプリンタタイプなどさまざまなものがある。

２）点字ディスプレイ

　点字ディスプレイとは点字セル（図２-25）のピンが上下に動いて点字を表示する機器である。PC と接続し文字情報の点字表示をするもの，携帯端末に点字ディスプレイが付属した機器がある。

　図２-26 は 32 個の点字セルを有する点字ディスプレイである。PC と接続して，点字入力，点字表示をする。また単独でも点字メモを作成することができる（詳しくは p.49「点字音声情報端末」参照）。

　図２-27 は持ち運びに適した小型の点字ディスプレイである。16 個の点字セルを有し，一度に 16 個点字を表示する。点字だけでなく，テキストのデータ作成／編集や音声読み上げ機能，ボイスレコーダー機能，DAISY 図書再生機能を有している。

DAISY 図書
p.49 参照。

　点字入力は図２-28，図２-29 のような専用の点字キーボードで行うほか，通常のキーボードの【F】【D】【S】【J】【K】【L】キーを点字の6点に見立てて入力する方法がある。一般のキーボードには【F】と【J】のキートップに小さな突起があり，そこに両手の人差し指を合わせることで【F】【D】【S】キーと【J】【K】【L】キーを操作できるようになる。これに音声フィードバックを行うことで，テキスト入力が可能となる。

　iOS や AndroidOS はタッチパネルに点字の6点を表示することで，6点入力が可能である。iOS では VoiceOver で，AndroidOS では TalkBack で点字キーボードの設定ができる。図２-28 はテーブルモードの点字入力で，通常の点字キーボードと同様に手を置いて使用する。図２-29 は AndroidOS のホールドモードの点字入力で，画面の裏から指を回り込ませるようにしてタップして入力する。なお，AndroidOS は現在は英語入力のみに対応している。

３）触図製作システム

　触図を作成することは，点字を作成することと並んで，重要な ICT を活用した支援のひとつである。現在，触図を作成できる機器には，以下の三つがある。

　立体コピー作成機のピアフ（図２-30）は，レーザープリンタなどで原図を

図 2−25　点字セル
SC11（ケージーエス株式会社）

図 2−26　音声・点字ディスプレイ
ブレイルセンスポラリス
（有限会社エクストラ）

図 2−27　小型点字ディスプレイ
BMSAIR16
（ケージーエス株式会社）

図 2−28　iOSの点字入力（テーブルモード）

図 2−29　AndroidOSの点字入力
（ホールドモード）

立体コピー例

図 2−30　立体コピー作成機
PIAF-6（ケージーエス株式会社）

印刷した**カプセルペーパー**という特殊な用紙を加熱することで，黒く描かれた部分を発砲させて浮き上がらせる。

　立体イメージプリンターの EasyTactix（イージータクティクス）（図 2−31）は，Windows PC に接続して Word 等の一般的な文書ソフトなどで作成した図形や文字，点字などを専用の立体シート上に熱制御で浮き上がらせ，PC 画面に表示されている情報をそのまま触れる情報物として出力できる。

カプセルペーパー
熱をあてると瞬間的に体積が 100 倍程度になる熱膨張性マイクロカプセルを使った特殊な用紙。コニカミノルタビジネステクノロジーズと松本油脂製薬の共同開発による製品。

立体プリント例（世界地図）

図 2−31　立体イメージプリンター
EasyTactix（SINKA 株式会社）

点作図プロッタ
点図を印刷することができる点字プリンタ。

エーデル（EDEL）
PC で作図したデータを点字プリンタで印刷することができる無料のソフト。開発者は藤野稔寛（ふじのとしひろ）氏。

　点作図プロッタ（図 2−32）は，エーデル（図 2−33）という Windows 用のソフトで作成した点図の印刷に利用される。点作図プロッタは，図形を上の行から分解して印字するのではなく，ヘッドを左右に動かすと同時に紙を前後に動かし，鉛筆で図形を描くように印字する機構をもっている。

　立体イメージプリンター（EasyTactix）や点作図プロッタ（ESA721）は点図のみならず点字も同時に印刷することが可能で，点図と点字による触図の作成ができる。立体コピーも原図を作成する PC に点字フォントをインストールして利用することで，点字を合わせて立体コピーすることができる。

4）3D プリンタ

　3D プリンタは点字，点図と並んで，重要な教材作成法のひとつである。点字や点図と比較して歴史が浅いため，これからその成果が明らかになるだろうが，これまでなし得なかった，完全 3D の教材が各学校で作成できるようになると，これまで考えもしなかった指導が可能になる可能性を秘めている。図 2−34 には，その例を掲載した。ヒトの体幹，細胞，世界地図の例をあげた。細胞であれば，色を変えることで，弱視のある子どもも理解しやすくなる。また，地図などを印刷する場合には，比率をそのまま印刷すると，一面平に印刷されてしまうため，高さを強調するような設定をすると効果的である。こういったノウハウが今後蓄積されて，より効果的な教材が作成できるようになるものと思われる。

5）レーズライター（表面作図器）

　レーズライターは，ビニール製の作図用紙の表面にボールペンで描くと，図形や文字がそのままの形で浮き上がる文房具である（図 2−35）。描きながら指先でたどれるため，盲児の学習具として広く活用されている。

図 2-32　点作図プロッタ
ESA721 Ver'95（株式会社ジェイ・ティ・アール）

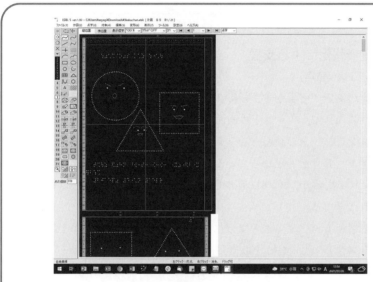

図 2-33　点図作成ソフト　エーデル

ヒトの体幹

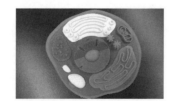

細　胞

世界地図

図 2-34　3Dプリンタ
写真提供：川野学都（大阪府立大阪南視覚支援学校教諭）

図 2-35　レーズライター（表面作図器）

（有限会社サントモ工業）

（2）聴覚情報化による支援

1）パソコン（音声）

　視覚障害のある子どもが PC を利用する際，晴眼者が行うように画面を見ながらのマウス操作や，ウィンドウ画面を操作することは困難である。音声合成によってコンピュータの画面を読み上げるスクリーンリーダは視覚障害者に不可欠なアクセシビリティとなっている。現在の PC のユーザーインタフェース（UI）は GUI であるが，それ以前の CUI の時代から専用ソフトによる音声化が利用されてきた。

　視覚障害者は音声による読み上げにより PC のコンテンツ（文書などの内容）とステータス情報（画面情報）を取得して操作する。利用者は，【カーソル】キーを使って，フォーカスを移動させ，どの項目にフォーカスがあるのかを聞いて，次にどの操作を実施するのかを企画する。さらに，漢字変換中には，同音異字を判断するために漢字の詳細説明を音声で聞くことで正確な漢字を使用することができる。また，電子メールの文章の内容や，ワープロソフトで作成中の文章などのコンテンツを音声で確認して内容を理解する。

　このように音声情報を手がかりに，Web ページから情報収集したり，「漢字かな交じりテキスト」の文書を作成したり，電子メールで情報交換することができる。

① OS の視覚障害者アクセシビリティ機能

- Windows：Windows にはナレーターというアクセシビリティ機能が搭載されており，ある程度の操作を音声読み上げで行うことができる。ナレーターは，設定→簡単設定→ナレーターで設定できる。ここでは，「Haruka」「Ichiro」などの声質や，速度，高さ，などといった音声そのものの設定や，「サインイン後にナレーターを開始する」などナレーターのオプションについての設定を行うことができる（図2-36）。ここで「ナレーターを起動

GUI
graphical user interface
コンピュータの表示・操作体系（ユーザーインターフェース）の分類のひとつで，情報の提示に画像や図形を多用し，基礎的な操作の大半をマウスやタッチスクリーンなどによる画面上の位置の指示により行うことができるもの。

CUI
character-based user interface
ユーザーインターフェースの類型のひとつで，すべてのやり取りを文字によって行う方式。

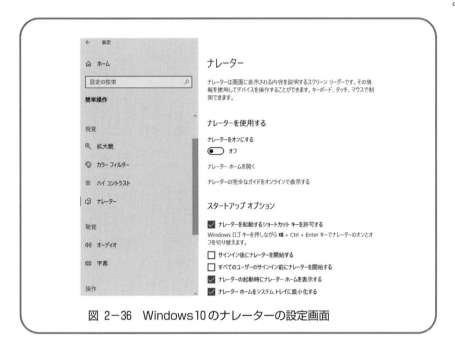

図 2-36 Windows 10 のナレーターの設定画面

するショートカットキーを許可する」をオンにしておくことで，【Windows】
キー＋【Ctrl】キー＋【Enter】キーでナレーターの起動または終了をする
ことができる。

音声で利用する際の基本的な操作に触れておく。ソフトを起動する際は，
【Windows】キーを押すと，「スタートウィンドウ」と発声する。その後，
【上・下カーソル】キーでカーソルを移動することで，カーソルがフォーカ
スしている項目を発声する。これがステータス情報である。この情報を聞
くことで，例えば，ナレーターが「マイクロソフトオフィスツールフォル
ダー」と発声すると，利用者は【Enter】キーを押すことでフォルダを開
いて，MicrosoftOffice アップロードセンターを起動しようといった具合に，
次の操作を企画することができる。アプリを開いてファイルを保存しよう
と思ったときには【Alt】キーを押す。そうすることで，ナレーターのカー
ソルをメニューバーに移動させることができる。

• macOS：macOS には VoiceOver というスクリーンリーダが標準搭載され
ている。画面に表示される内容を音声で説明し，書類，Web ページ，ウ
インドウ内のテキストの読み上げを行う。Bluetooth 接続により点字ディ
スプレイにテキストを表示する。

• iOS：iPhone・iPad の OS（iOS/iPadOS）には，タッチパネルに対応した
スクリーンリーダである VoiceOver を搭載している。日本語のフリック
入力も可能である。また，macOS 同様，点字ディスプレイにテキストを
表示する。

- AndroidOS：AndroidOS には TalkBack というスクリーンリーダが標準搭載されている。TalkBack を有効にすると，タップと音声フィードバックを使用してデバイスが操作できる。

② **専用ソフトによる音声化**　PC の画面や操作を音声化するスクリーンリーダは OS のアクセシビリティ機能としても搭載されているが，より高性能な専用ソフトとしてのスクリーンリーダも使用される。

- PC-Talker Neo：PC-Talker Neo は高知システム開発の商品版 Windows スクリーンリーダである。オプションソフトとして Microsoft Office 操作を支援する「OfficeWorks」，7 種類の音声を追加する音声エンジンオプション「VoiceWorks」，点字ディスプレイ出力強化オプション「BrailleWorks」，音声ワープロ「MyWord 7」，音声 Web ブラウザ「NetReader Neo」などがある。日本のスクリーンリーダとしては最もシェアが大きい。

- NVDA：NVDA（non visual desktop access）はオープンソース（無料）の Windows 用スクリーンリーダである。オーストラリアの非営利法人 NV Access（https://www.nvaccess.org/）を中心とするコミュニティが開発しており，日本では NVDA 日本語チームが英語版の日本語対応と NVDA 日本語版の制作を行っている（https://www.nvda.jp/）。

NVDA 日本語版

　NVDA は，無料でダウンロード・インストールすることができるが，さまざまな PC 操作は，ほかの一般のソフトと組み合わせて用いる必要がある。

③ **音声ブラウザ**　スクリーンリーダは，Chrome や Edge などの Web ブラウザの画面も読み上げることができるが，マウスで利用することを前提に作られているため，必ずしも視覚障害者にとって使いやすいものではない。

　音声ブラウザは，前後の見出しタグにジャンプする機能や前後のフォーム・タグ，前後のテーブル・タグなどをサーチする機能，テーブル内の要素を表らしく読み上げる機能など全盲の子どもが Web ページから情報を得るのに使いやすい機能を有した専用ソフトである。音声ブラウザ専用ソフトには JAWS や NetReader Neo などがある。

④ **Web サイトによる音声化機能**　公立図書館や行政機関のインターネット上のポータルサイトでは，テキストベースの情報に音声合成処理を施し，インターネットの通信回線を介して，電子端末などで再生することができるようになっている。

　また，市の Web サイトなどでは，独自に音声化サービスを付加しているものもある。例えば，三重県伊勢市では市の公式 Web サイトにエーアイ社が提供する音声読み上げサービス「AITalk Web 読み職人」を導入している（図 2-37）。Web ページの「画面上の再生」ボタンをクリックす

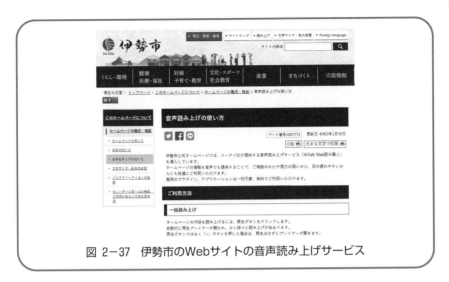

図 2-37 伊勢市のWebサイトの音声読み上げサービス

ると Web ページのテキストを読み上げる。スクリーンリーダや音声ブラウザのように多機能ではないが，広く社会に Web ページの音声化を知らせることにも役立っている。

2）音声読書機 よみとも 10（活字／点字文書読み取りソフト）

よみとも 10 は Windows の文書読み取りソフトでスキャナと合わせて使用する OCR ソフトである。「活字文書を読む」「点字文書を読む」「紙幣判別する」「テキストを編集する」「拡大読書する」「点訳する」という 6 役の動作を，だれでも簡単に行えるように工夫されている。

OCR
p.21 参照。

3）点字音声情報端末（専用機器）

ブレイルセンスポラリス日本語版は AndroidOS を搭載した持ち運び可能な点字音声情報端末である。前述の PC ＋点字ディスプレイ＋スクリーンリーダ（PC-Talker, NVDA）の組み合わせで使うより，ブレイルセンスポラリスのほうが環境構築，設定，使用方法の習得などのハードルが低く，盲者の ICT 活用支援方法として有効である。

ブレイルセンスポラリス
p.43，図 2-26 参照。
サイズ：横 245mm，奥行 144mm，高さ 19mm，重さ：750g。点字ディスプレイ：32 セル。

4）DAISY 図書

録音図書は，1930 年代「トーキングブック」として欧米で始まった。当初はレコード（ソノシート）が使われていたが，テープレコーダに替わっていった。日本では，日本点字図書館での録音図書製作と貸し出しが1958 年に開始され普及していった。1 本のカセットテープで録音時間を長くするためテープの走行速度を通常の半分にする（半速録音）盲人用リーディングマシン（テープレコーダ）が開発された。現在は録音図書は CD 図書に替わっている。

CD 図書には DAISY（digital accessible information system：デイジー，アクセシブルな情報システム）という国際規格が使用されている。PC 上のオーサリングツールで作られた DAISY 図書は専用の機器や PC の専用ソフトで再生でき

る。DAISY 図書は，点字図書館や一部の公共図書館，ボランティアグループなどで製作され，CD-ROM によって貸し出されている。また，特定非営利活動法人全国視覚障害者情報提供施設協会の録音図書配信サービス「サピエ」を利用すると，インターネット回線を使用して DAISY 図書を聞くことができる。

　DAISY 図書の特徴として，MP3 などの圧縮により一枚の CD に 50 時間以上の収録が可能であること，目次から読みたい章や節，任意のページに飛ぶことができることがある。また，マルチメディア DAISY 図書は音声にテキスト，画像をシンクロ（同期）させることができ，視覚障害者のほかに学習障害，知的障害，精神障害のある人にとっても有効であることが認められてきている。

① 　DAISY 図書再生機器（図 2-38）

- プレクストーク PTR3：デイジー CD，DAISY 図書，シネマ・デイジー，雑誌などが聞ける DAISY オンラインサービスにも対応した卓上型 DAISY 図書録音再生機。
- プレクストークポケット PTP1：ポケットに入れて持ち歩ける小ささと軽さが特長。外出先でも気軽に DAISY 図書・音楽を楽しめ，会議や授業を

プレクストーク
（シナノケンシ株式会社）

プレクストークポケット PTP1
（シナノケンシ株式会社）

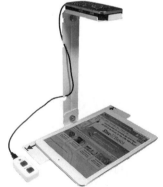

ブレイズ ET ・OCR スタンド（有限会社エクストラ）

図 2-38　DAISY図書再生機器

DAISY 形式で長時間録音することもできる。DAISY だけでなく WAVE（PCM），MP3 などの再生にも対応し，録音したデータは SD カードへ直接記録することができる。

- ネット・プレクストーク（Net-PLEXTALK）：WindowsPC を利用した DAISY 図書再生用アプリ。録音図書配信サービス「サピエ」を利用して DAISY 図書を聞くことができる。
- ブレイズ ET：携帯型 OCR マルチプレーヤー。OCR 機能を使った活字文書の読み上げ，DAISY 図書の再生，DAISY オンラインを使った DAISY データの検索とダウンロード，音楽データの再生，録音，Podcast，ラジオ，カラーリーダなど多彩な機能を備えた携帯型 OCR マルチプレーヤー。

② DAISY 図書作成ソフト

- プレクストーク Producer：音声 DAISY/ テキスト DAISY/ マルチメディア DAISY 製作用 Windows ソフト。テキスト文書から音声合成で DAISY 図書が作成できる。
- プレクストークレコーディングソフトウェア・プロ（PRS Pro）：本などを朗読した音声を録音し，録音した音声をフレーズと呼ばれる小さな単位に分割して，章・節・項などの単位で構成することによって，DAISY 形式の音声図書を作成することができる Windows ソフト。

5) そのほかの ICT 機器の活用

- 移動支援機器パームソナー：パームソナーは幅 20mm，高さ 31mm，長さ 77mm，重量 40g（電池込み）の手に持って使用する移動支援機器である（図 2-39）。超音波を用いて，前方の障害物の有無と障害物までの距離を計測し，その結果を振動でユーザーに伝える仕組みである。

　盲者や盲ろう者はこのパームソナーを左右に振りながら歩くことで，前方の障害物を認識し，避けながら歩行したり，壁との距離を一定に保ちながら伝い歩いたりすることができる。

- 触知式腕時計：触知式腕時計は針と文字盤を触って時間を読み取ることのできる時計（図 2-40）である。シチズン製触知式腕時計は文字板を触って時間を確かめられるよう，12 時・3 時・6 時・9 時のポイントを三角形にしたり，時針の先端を矢印にしたりするなど，指で触れたときにわかりやすい工夫がされている。弱視者も判読しやすいよう，黒い文字板にイエローのインデックスを組み合わせ，コントラストを際立たせてある。
- 触感時計"タック・タッチ"・触読式振動時計"メテオ"：触感時計"タック・タッチ（Tac-Touch）"（図 2-41）や触読式振動時計"メテオ"（図 2-42）は，針，文字盤も表示板もない腕時計／懐中時計である。振動の数で時刻を知らせる。「時」「10 分」「分」の三つのボタンをそれぞれ押したときに返される振動（長い振動が「5」，短い振動が「1」）で時刻がわかる。

図 2-39　移動支援機器

パームソナー（有限会社テイクス）

図 2-40　触知式腕時計

AC2200-55E（シチズン時計株式会社）

図 2-41　触感時計（腕時計型）

タック・タッチ（有限会社アイスマップ）

図 2-42　触読式振動時計

メテオ（株式会社アメディア）

- アップルウォッチの視覚障害者アクセシビリティ：アップルウォッチ（Apple Watch）には読み上げ機能である VoiceOver が搭載されていて音声で時刻を知らせてくれる。また，触読式振動時計同様に「Taptic タイム」という振動フィードバック機能がある。画面をダブルタップ（1 本の指で 2 回たたく）すると時間と分を，トリプルタップ（1 本の指で 3 回たたく）すると分を振動で返す。10 の位は長い振動，1 の位は短い振動で表す。例えば 16 時 25 分なら，長い振動が 1 回，短い振動が 6 回，長い振動が 2 回，短い振動が 5 回となる。
- 音声体重計　インナースキャン Voice BC-202（タニタ）：体重や体脂肪率のほか，筋肉量，基礎代謝量などを測定して音声で伝える（図 2-43）。
- 音声付電子体温計　MC－174V（オムロン）：測定結果と手順を，音声とブザーで知らせる体温計（図 2-44）。
- 音声血圧計　UA-1030T（エー・アンド・デイ）：上腕にカフを巻いて計測する音声案内機能付き血圧計。測定値や血圧分類，測定エラーの読み上げだけではなく，挨拶や血圧のワンポイント情報を話す。

図 2−43　体組成計
インナースキャンVoice BC-202
（株式会社タニタ）

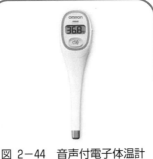

図 2−44　音声付電子体温計
MC-174Vけんおんくん
（株式会社オムロン）

図 2−45　音声方位磁石
C2コンパス
（株式会社システムギアビジョン）

図 2−46　音声電池チェッカー
ウッフィー（Care Tec Ltd.）

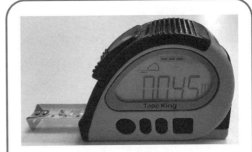

図 2−47　音声メジャー
テープキング（Care Tec Ltd.）

- 音声電卓　CA9902：四則演算（＋, −, ×, ÷）とメモリー計算ができる10桁の小型音声電卓。音声は棒読み, 位取りの選択ができる。
- 音声方位磁石　C2コンパス（システムギアビジョン）：ボタンを押すと自分が向いている方角を8方位の音声で知らせる（図2−45）。
- 音声電池チェッカー　ウッフィー（Care Tec Ltd.）：電池のマイナス極を本体のスピーカー下の金属突起にあてて, ワイヤーの先にある小さな端子の先端をプラス極にあてると, 測定結果を電子音と振動で告げる（図2−46）。
- 音声メジャー　テープキング（Care Tec Ltd.）：計測結果を音声で読み上げるステンレス製のテープメジャー。1mmから5mまで計測できる。メモリ加算機能や比較計測機能などを有する（図2−47）。
- タッチ式ボイスレコーダー　タッチボイス（システムギアビジョン）：付属のドット付き音声シールとメッセージを関連付けて録音する（図2−48）。
  録音は,「録音ボタンを押す」＋「シールにタッチ」＋「メッセージ」＋「言語音ボタンを離す」で完了。「シールにタッチ」すると再生する。

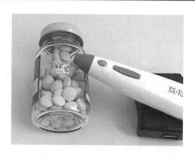

図 2−48　タッチ式ボイスレコーダー

タッチボイス（株式会社システムギアビジョン）

図 2−49　色認識装置

カラリーノ（Care Tec Ltd.）

- 色認識装置　カラリーノ（Care Tec Ltd.）：150 色以上の色彩を判別し，音声で知らせる。光源検知機能もあり，光源の位置，明るさを判別することができる（図2−49）。

[演習]課題

1. スマホやタブレットのアクセシビリティ機能（ユーザー補助機能）の中から画面を大きくしたり，配色を反転したりする機能を探して，その方法（手続き）を書き出して，ほかの人に説明してみよう。
2. Windows や Mac の PC で読み上げ機能をオンにして，目を閉じて，PC の電子メールのソフトを起動してみよう。
3. 身の回りの家電機器の中から目が不自由な人が利用できそうな機器を三つ探して，目を閉じて操作できるか確認してみよう。操作できる場合は操作方法を教える方法を考え，操作ができない場合はどうすれば操作できるようになるか考えてみよう。
4. 全盲の児童生徒への ICT 活用による触覚情報化による支援について点字と触図の2点から説明してみよう。
5. 全盲の児童生徒への ICT 活用による聴覚情報化による支援について PC やスマホ，専用端末について説明してみよう。
6. DAISY 図書とマルチメディア DAISY 図書について説明してみよう。
7. 全盲の児童生徒の生活や学習を支えるそのほかの ICT 機器について例をあげて説明してみよう。

引用文献

1）氏間和仁：弱視教育におけるタブレット PC の活用の基本的な考え方と活用事例. 弱視教育, **52**（3），21-33. 2014, ISSN 0286-942X（PDF ファイル）

2）Jackson, A. J. et al. Edt.：Low Vision Manual, ELSEVIER Ltd., 2007.

3）田中良広・澤田真弓：米国における教科書デジタルデータの管理・活用状況. 日本特殊教育学会第 48 回大会発表論文集, 127, 2010.

参考文献

・Corn, A. L.：Instruction in the Use of Vision for Children and Adults with Low Vision. View, **27**, 26–38, 1989.

・Simon, H.：Sciences of the artificial. Cambridge, MA：MIT Press, 1969.

・Papert, S.：Mindstorms：Children, computers and powerful ideas. New York：Basic Books, 1980.

・ケージーエス：BM ユーティリティーダウンロード　https://www.kgs-jpn.co.jp/down.html （最終閲覧：2021 年 9 月 30 日）

・テイクス：パームソナー　https://www.palmsonar.com/index.html （最終閲覧：2021 年 9 月 30 日）

・全国盲ろう者協会：盲ろう者に関する実態調査報告書, 2013.

・総務省統計局：人口推計（平成 24 年 10 月 1 日現在), 2013.

BM

③　聞くことの困難さ

　　聞くことの困難さを支援する方法として，情報保障があげられる。情報保障
とは，「聞こえない者に対して，その人の理解できるコミュニケーション手段
を使って，情報を的確に伝達することを保障すること」[1]「何かしらの理由で
情報を得ることにバリアが生じる人に対して，その人にとってわかりやすい方
法で，情報をできるだけ確実に即時的に伝えること」[2]「授業時の支援として
は手書き要約筆記，パソコン要約筆記，手話通訳が代表的である。本研究では
これら三つを称して情報支援と呼ぶ。いずれも聴覚障害学生にとっては聴取が
難しい音声情報を，文字や手話に変換して伝達するものである」[3]と，さまざ
まな観点から定義付けられている。

　　本節では，聞くことの困難がある人にとって情報を得るための支援方法を，
学校教育におけるICTを活用した支援と，生活を支える支援機器について述
べていく。なお，聞くことの困難さを述べる前に，聴覚情報をどのような支援

表 2-1　補聴支援機器と感覚代替機器

聴覚情報	送信情報	機器名	受信感覚	関連ページ
玄関のチャイム	信号音	おしらせらんぷ	視覚	72
乳児の泣き声	音声	おしらせらんぷ	視覚	72
電話の着信音	信号音	フラッシュベル	視覚	68-70
	信号音	シルバーベル	聴覚	68-70
	信号音	携帯電話の着信音	振動	68-70
病院，郵便局，銀行の呼び出し	信号音	合図くん	振動	71
目覚まし時計の音	信号音	SHINDO	振動	72
火災報知，災害情報	信号音	警報器	視覚＋聴覚	75
教室教師音声	言語情報	音声増幅器	聴覚	37
TVの音声	言語情報	磁気ループ	聴覚	72
劇場・ホール音声	言語情報	赤外線	聴覚	74
	言語情報	FM補聴器	聴覚	74
TVの音声	言語情報	字幕	視覚	72
電話音声	言語情報	音声増幅器	聴覚	68-70
	言語情報	Eメール	視覚	68-70
	言語情報	文字通信	視覚	68-70
	言語情報	Fax	視覚	68-70
交通機関アナウンス	言語情報	電光掲示板	視覚	74

出典）廣田栄子：障害理解のための医学・生理学，明石書店，p.298，2010.
　　　関連ページ，筆者追記

機器でどのように代替するのかについて廣田がまとめた表2−1を用いて以下に示す。表中の機器の一部はすでに販売していないものもあるため，具体的な機器やその機能については，本文関連ページを示したので参照してほしい。

1 ICT を活用した支援

本項では，学校教育における ICT を活用した支援について，学校環境，学習場面を観点に述べる。なお，以下には，聴覚特別支援学校の教材・教具やコンピュータなどの活用について学習指導要領に記述されている事項を抜粋した。

特別支援学校小学部・中学部学習指導要領（平成 29 年 4 月告示）

第2章　各教科
第1節第1款　2　聴覚障害者である児童に対する教育を行う特別支援学校
　(6) 視覚的に情報を獲得しやすい教材・教具やその活用方法等を工夫するとともに，コンピュータ
　　　等の情報機器などを有効に活用し，指導の効果を高めるようにすること。

特別支援学校学習指導要領解説各教科等編（小学部・中学部）（平成 30 年 3 月）

第3章第3　聴覚障害者である児童生徒に対する教育を行う特別支援学校
6　教材・教具やコンピュータ等の活用（第2章第1節第1款の2の (6)）
　聴覚に障害のある児童生徒の指導に当たっては，可能な限り，視覚的に情報が獲得しやすいような種々の教材・教具や楽しみながら取り組めるようなソフトウェアを使用できるコンピュータ等の情報機器を用意し，これらを有効に活用するような工夫が必要である。
　特に，各教科の内容に即した各種の教材・教具を用いて指導する際には，児童生徒に何をどのように考えさせるかについて留意することが大切である。障害の状態や興味・関心等に応じて，発問の方法や表現に配慮したり，板書等を通じて児童生徒が授業の展開を自ら振り返ることができるようなまとめ方を工夫したりすることが重要である。
　また，聴覚障害の児童生徒に対しては，視覚等を有効に活用するため，視聴覚教材や教育機器，コンピュータ等の情報機器や障害の状態に対応した周辺機器を適切に使用することによって，指導の効果を高めることが大切である。その場合でも，視覚的に得た情報に基づいて，発問や板書を工夫するなどして児童生徒の話合い活動を重視し，視覚的な情報を言語によって，十分噛み砕き，教科内容の的確な理解を促すよう配慮することが大切である。

（1）学校環境

　教育の情報化に関する手引（文部科学省，2019）では，「日常の授業で活用するためには，各教室にもコンピュータなどの情報端末や大型提示装置の設備が必要である」と校内におけるICT環境を充実することが示されている。本項では，聞こえの困難さに対応する支援機器を中心に，学校環境について述べる。

1）視覚情報に代替するための手段

① **チャイムを光などで表示**　授業の開始や終了を伝えるチャイムは，音で伝えるものである。聴覚特別支援学校では，音の代わりに光などで伝えている。伝える方法は，チャイムが鳴っている際に光るもの（図2-50），文字で状態を示すもの（図2-51），光の色によって状態を示すもの（図2-52）などがある。このように学校によってさまざまな方法が用いられている。そのため，光などがどの様子を示しているかのルールを理解させる必要があり，その方法がどこでも使用されていないことに留意する必要がある。

② **見える校内放送**　教育の情報化に関する手引（文部科学省，2019）では，「周囲の音声や環境音が聞こえにくいあるいは聞こえないため，例えば，アナウンスやラジオなどで放送される情報を獲得したり，チャイムや警告音などを手掛かりに行動したりすることが困難となる。しかしながら，保有する聴覚を最大限活用したり，文字や映像など視覚的な情報を活用したりすることで，日常生活で必要な各種情報を収集したり選択して活用したりすることが可能である。聴覚特別支援学校では，従前，チャイムや非常ベルの音と同期するランプを各教室に設置しているが，近年は，廊下や共有スペースなどにディスプレイを設置し，「見える校内放送」として行事案内や給食の献立，身近なニュースなどを提示する取組も増えている」と示されている。

　見える校内放送には，LED文字表示，文字中心のものや，モニタに情報を映し出すものがある。内容は，「天気の情報を表示」するもの（図2-53）や，「連絡事項を表示」するもの（図2-54）などがある。また，前述した，チャイムを代替するための手段として用いられている場合もある。

2）聞き取りやすくするための手段

① **補聴援助システム**　補聴援助システムは，音声などをマイク（送信機）を通して，補聴器（受信機）に送信するものである。マイクを通して音声が直接補聴器に送信されるため，周囲の雑音に影響されない特徴がある。明瞭な受信音を保障することにより，補聴器の装用（装着）意欲を高めることが期待できる。

　補聴援助システムは，送信方法の違いにより，2.4GHz帯の電波を使って通信する**デジタルワイヤレス補聴援助システム**（図2-55），**ヒアリング**

デジタルワイヤレス補聴援助システム
先生など話をする人が送信マイクを付けて，デジタル無線によって，補聴器や人工内耳に取り付けた受信器で受信するもの。

図 2−50　見えるチャイム
（京都府立聾学校）

図 2−51　休憩中・授業中
の状態表示
（京都府立聾学校）

四色灯

チャイムの
代わり

赤：非常事態
橙：授業開始
緑：授業終了
青：不審者

図 2−52　光の色で状態表示
（徳島県立徳島聴覚支援学校）

図 2−53　天気の情報を表示
（福岡県立福岡高等聴覚特別支援学校）

校内放送の
代わり

校内 LAN を使用した
視覚情報伝達システムです。
日頃は，お知らせや
ニュースを流しています

図 2−54　連絡事項を表示
（徳島県立徳島聴覚支援学校）

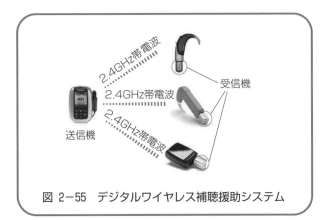

2.4GHz帯電波

受信機

2.4GHz帯電波

2.4GHz帯電波

送信機

図 2−55　デジタルワイヤレス補聴援助システム

ループ（磁気誘導ループ）を利用したヒアリングループ（磁気誘導ループ）
システム，赤外線を利用した赤外線補聴システムなどがある。また，送信
機に，テレビやラジオ，タブレット端末などを接続することで，その音を
送信することも可能である。

ヒアリングループ（磁気誘導ループ）
補聴システムのひとつ。床などに設置したループアンテナでできた音声磁場により，音声信号を受信できる。補聴器をＴモードに設定することで利用可能で，受信はループアンテナを設置したエリア内に限定されるため，ほかのシステムと干渉しにくい。ケーブル状のループアンテナを用いることで設置が容易になる。

Ｔモード
補聴器で音を得る機能のひとつ。ヒアリングループから音を得る際に利用する。通常は，補聴器に搭載されたマイクから音を得る機能を利用する。

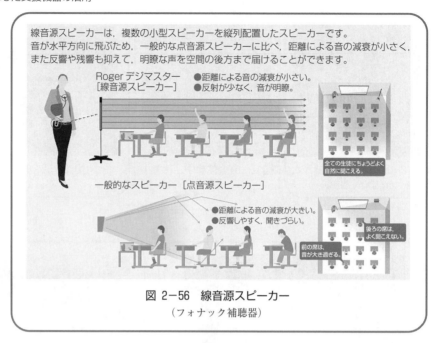

図 2-56　線音源スピーカー

（フォナック補聴器）

　　　グループの会話者を判別して音声を届けるものや，距離による音の減衰
　　を小さく，聞き取りやすい特徴のある線音源スピーカー（図2-56）など
　　も開発されている。

（2）学習場面

　　教育の情報化に関する手引（文部科学省，2019）では，「授業を行うに当たっ
ては，デジタル教科書の利用，授業場面で適切に視覚的な情報を与える工夫な
ど，教師のICT活用指導力の向上が併せて重要である」と記述され，学習場
面において，さまざまな支援機器が活用されている。

1）ICT活用の現状

　　新谷（2018）が報告している聴覚特別支援学校の教科指導におけるICT活用
の現状は，表2-2のように，コンピュータ画面を拡大表示する機器やタブレッ
ト型コンピュータ，教育用コンピュータが多く活用されている。ただし，電子
黒板はコンピュータ画面を拡大表示する機器に，デジタルカメラはタブレット

表 2-2　聴覚特別支援学校の教科指導における使用機器別回答事例数

電子黒板	コンピュータ画面を拡大表示する機器	タブレット型コンピュータ	デジタルカメラ	教育用コンピュータ	その他
9	26	27	4	25	7

出典）新谷洋介：特別支援学校（聴覚障害）の教科指導におけるICT活用の現状〜特別支援学校におけるICT活用全
　　　国調査から〜。国立特別支援教育総合研究所研究紀要，45, 56, 2018. を基に作成

型コンピュータに含まれている機能とも考えられる。それぞれの使用機器の指導内容を，同報告をもとに次に示す。

① **電子黒板・コンピュータ画面を拡大する機器**（表2-3）　小学部国語において，拡大本文を提示している。小学部理科において，資料を動画で再生したり，資料を拡大して，投影した画面に直接書き込む。

② **タブレット型コンピュータ**　中学部国語において，辞書機能の活用（手書き入力の辞書，画像検索，インターネット検索）により，調べる力を高める。表現力を高める（情景に合った写真を選ぶ）。高等部数学において，関数のグラフを，グラフ表示アプリで確認する（図2-57）。関数の係数を変化させ，それに伴うグラフの変化を見る。

③ **デジタルカメラ**　小学部理科において，観察で撮影した写真を教室内に提示。中学部国語において，詩の学習でデジタルカメラを使用し，学校の周りで季節感のあるものを探し撮影する。その写真に合わせた詩で季節を表現する。

④ **教育用コンピュータ**　中学部国語において，プレゼンテーションソフトを用いて資料を作成しプレゼンテーションを行う[4]。

表 2-3　電子黒板を用いた授業をするにあたって実際に配慮や工夫していること

電子黒板の使用目的と使用場面を検討すること
子どもの実態に応じて電子教材の加工や準備を行っておくこと
子どもが注目して学習を進められるルールづくりや教師の話し方に留意すること
電子黒板やほかの教材の特徴を踏まえ，効果的な併用を検討しておくこと
子どもの記憶に残るような効果的な提示の仕方に留意すること
子どもにとって見やすい配置，画面になるよう留意すること
機器の操作がスムーズになるような準備をしておくこと
視聴覚教材の内容を効果的に伝えるための情報保障を検討しておくこと

出典）国立特別支援教育総合研究所：特別支援教育の基礎・基本新訂版，ジアース教育新社，p.145，2015.

図 2-57　グラフ表示アプリの活用

2）開発された教材や実践事例

　文部科学省「学習上の支援機器等教材活用研究開発支援事業」（図２−58）では，聴覚障害に対応した支援機器等教材として，「教員の発話を文字化するツール『こえみる』（図２−59)」「ICT を活用した［中学・高校全学年対象映像授業］の聴覚障害生徒向け改良開発〜［映像授業へのバリアフリー字幕の付与］と［バリアフリー学習ノートの企画・制作］〜『字幕付き映像授業　Try IT』（図２−60)」が開発された。

　同事業のパンフレットによると，『こえみる』の特徴は，教員の発話をリアルタイムで文字にする。Web ブラウザとインターネット回線があればどこからでも利用できる。タブレット端末にも発話の表示ができる。学年ごとの漢字

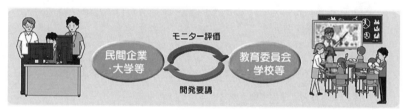

図 2−58　学習上の支援機器等教材活用研究開発支援事業の概要

出典）　文部科学省：学習上の支援機器等教材活用促進事業，これが欲しかった！ICT機器の「次の」活用方法（平成30年度版），p.3, 2018.

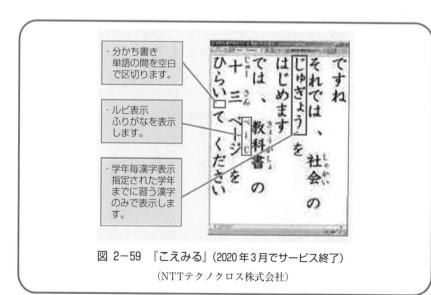

図 2−59　『こえみる』（2020 年３月でサービス終了）

（NTTテクノクロス株式会社）

図 2−60　『字幕付き映像授業　Try IT』

(株式会社トライグループ)

表示や，ルビ表示，分かち書きなど日本語の理解に役立つ表示ができる。最新の認識エンジンを搭載し，**学校向けに辞書をチューニング**し，高い認識率を実現している。多様な**修正機能**を実現している（手書き修正，第三者修正）。

　『字幕付き映像授業　Try IT』の特徴は，映像の画面下中央に講師が話す解説を字幕で表示する。話しことばをそのまま字幕化するのではなく，授業内容理解のために必要な情報に翻訳したうえで字幕化した教材になっている。科目によっては，板書内容の視覚的説明が必要な授業もある。このような場合は，字幕が板書のどの場所を説明しているかわかるように「⇒（矢印）」や補足説明を加える配慮をしている。

　なお，「教育の情報化に関する手引」（文部科学省，2019）では，次の実践事例が記述されている。

認識エンジン
音声を文字に変換するための仕組み。

学校向けに辞書をチューニング
学校で使用頻度の高いことばを認識しやすいように調整すること。

修正機能
正しく音声が文字に変換されなときに，手動で修正するための機能。

【実践事例 7】統計情報を適切に読み解く
教科等：特別支援学校（聴覚障害）高等部 専攻科 数学
ねらい：
　1. 統計情報を適切に読み解くことができるようにする
　2. 統計情報から趣味・娯楽の状況を知り観点を設定し説明できるようにする
学習の展開：
（導入）
　数名のグループごとに 1 台の思考ツールがインストールされたタブレット型コンピュータを準備し，生徒に日常生活で行っている趣味・娯楽について，思考ツールを使用し意見を出し合わせる。その後，出された意見を大型ディスプレイに提示し発表させる。
（展開 1）
　統計資料「趣味・娯楽の種類別行動者率」のグラフを大型ディスプレイに提示し要点を説明する。その後，生徒用の端末へ授業支援ソフトを用いて統計資料を送信し，生徒が個別に参照できるようにする。

生徒に統計資料のグラフの特徴について，導入で出された趣味・娯楽等を参考に考えさせ，ポイントとなる箇所に装飾させ，完成後に授業支援ソフトを用いて指導者用コンピュータへ提出させる。その際，提出した資料を一覧表示し，他の意見を参考にできるようにする。

（展開２）

　年齢別の統計資料表データを配布し，生徒に表計算ソフトウェアを使用して配付した統計資料の特徴を説明するためのグラフを作成させる。このグラフと元の全年齢のグラフを比較させ違いを発表させる。

（まとめ）

　統計資料の結果は，年齢や地域などさまざまな要因があり，必要とする情報を得る際には，要因を限定する必要があることをまとめて伝える。

ポイント：

　特別支援学校（聴覚障害）では，机配置を馬蹄（ばてい）型にするなど，生徒の発表が生徒同士見えるように留意している。本事例のように，生徒の考えや資料を共有できるツールを使用することで，お互いの考えた内容や資料も視覚的に共有できる利点がある。そして，視覚情報は，伝わりやすい反面，理解できているかどうか留意する必要がある。本事例のように，視覚情報を利用する際には，教師が提示する場面と，個別に見る場面を保障することや，操作する活動を合わせることで理解を深めることが有効であると考える。

　導入では生徒一人一人の考えを共有しつつ自分の考えを広げる手段として，タブレット型コンピュータと思考ツールを組み合わせて使用した。数名で１台のタブレット型コンピュータと思考ツールを組み合わせて使用することで，生徒同士の考えを共有し，自分の考えを広げることができる。さらに，思考ツールを使用することで，出された意見をカテゴリにまとめるなどの構造化が可能となる。また，予測変換機能を併用することで，思いついた単語を正確に素早く入力することが可能となり，語彙が少ない生徒にとっての補助手段としても有効である。

　展開１は，資料の全体提示と，個別に資料を読むことを組み合わせたものである。生徒が伝えたいポイントに装飾することで自分の考えをまとめるとともに，相手に伝えやすくすることができる。また，生徒は，活動の際それぞれの生徒のつぶやきや教師への質問内容を聞き取ることが難しいが，教師と生徒端末間の画面やファイルを共有できる授業支援ソフトを使用することで，友達の考えを画面を見ることで知ることができる。生徒が教師に質問する際に大型ディスプレイを使用して教師が説明することも有効である。

　展開２は，表データの操作をさせることで，提示された情報を理解しやすくする工夫をしたものである。

　また，同手引では，「自らの生活を充実するために活用していくには，操作スキルだけではなく，情報モラルや情報セキュリティに関する意識付けと，あわせて，思いを適切に表現したり，受信内容を的確に読み取り理解したりできるよう適切な言語能力を身に付けさせる必要がある」と情報モラル教育の必要性について述べられている。特別支援教育における情報モラル教育では，旧学習指導要領に対応していた 2010 年版の「教育の情報化に関する手引」に次の実践事例が例示されている。

【実践事例　携帯電話を利用した犯罪被害の予防】

（教科等）高等部 共通教科情報科

（ねらい）

携帯電話（メール）による詐欺などの手口を知り，危険に対する意識を高める。

（学習の展開）

1. **携帯電話用疑似サイト**を用いてワンクリック詐欺の実際を携帯電話で疑似体験する。

2. 個人情報を収集する可能性のあるサイトを携帯電話で疑似体験することや，サイトを利用して被害に遭った映像（DVD など）を見て確認することで個人情報入力の危険性を知る。

3. フィッシング詐欺に遭いそうな場面の映像を見る。

4. 危険なサイトについて話し合い，自分ならどう行動するか考える。

（ポイント）

　こうした知識は，聴覚障害のある生徒には説明やプリントだけでは定着が難しく，擬似的にでも自ら体験することが必要である。特にコミュニケーションに困難があり，社会性を学ぶ機会が少なくなりがちな聴覚障害者である生徒は，十分に実感の伴った学習をしないと詐欺などの犯罪に巻き込まれる場合がある。携帯メールは，聴覚障害者である生徒にとって有用なコミュニケーションツールであり，一気に普及したが，それらを使いこなすだけの言語力や理解力，倫理観が伴っていないと非常に危険である。

携帯電話用疑似サイト
ワンクリック詐欺やフィッシング詐欺を手持ちの携帯電話などで体験ができる疑似体験サイト。

　以下の教材が特別支援教育での情報モラル教育の参考となるので紹介しておこう。

参考）OCT くんと学ぼう：情報モラル教材

　　　https://oct-kun.net/wp/moral/

3）要約筆記

① **要約筆記とは**　　要約筆記は，話し手の話の内容をつかみ，それを文字にして伝える，聴覚障害者のためのコミュニケーションの保障である。1960 年代に考案され，現在は手話通訳と同様に福祉サービスとして行われてきた（全国要約筆記問題研究会　http://zenyouken.jp/）。大会場においては，古くはロールシートに熟練者が素早く手書き文字で筆記を行い，それを OHP（overhead projector）によりスクリーンに表示する方式が用いられた。

　　PC 要約筆記は，PC のキーボードを使って入力した文章を，聴覚障害者に表示して伝える方法で，PC で記録ができる人であれば比較的簡単に場に応じた支援が可能とされる。例えば，会議などで聴覚障害者が 1 人だけの場合，隣の人に PC で会議内容を要約して入力してもらうことができる。講演会など聴覚障害者が多数参加する場合は，講演者が話した内容を

OCT くんと学ぼう：
情報モラル教材

PC で入力し，講演者の横に設置したスクリーンに表示する。音声情報が速くて多い場合は，LAN 接続された複数の PC を用い一文ずつ交代で入力担当することや，入力者と修正者を分担することで対応される。PC 要約筆記のソフトには **IPtalk**（アイピートーク：日本遠隔コミュニケーション支援協会　http://www.s-kurita.net/）や **tach**（タッチ：遊酔亭　http://www2t.biglobe.ne.jp/~yusuitei/soft/tach/）などがあり，無償で提供されている。

② **大学の授業などの要約筆記**　　大学の授業などは，テキストや配布資料を用い，スクリーンや黒板に視覚情報を提示し音声で解説するという講義形態が多い。専門的な内容になれば用語を正確に伝えるため，点字や手話ではなく漢字かな混じり文を提示する必要がある。そこで配布資料などを事前に電子データで渡し，授業においては視覚障害のある学生は拡大表示や音声読上げ機能などを，聴覚障害のある学生は補聴援助システムや要約筆記（ノートテイク）などを用いることで情報保障がされている。近年，大学の授業においてもアクティブラーニングの実施が要求されるようになり，議論や演習において，**こえとら**（https://www.koetra.jp/）や **SpeechCanvas**（https://www.speechcanvas.jp/）などスマホによる音声認識も利用されるようになった。また，遠隔授業時に使用されるテレビ会議システムと連携した音声認識サービスも利用されるようになった。

4）　**試験などにおける配慮**

聞こえの困難さに対して，試験などにおける配慮が実施されている。大学入学共通テストや，実用英語技能検定（英検）を例にあげるが，学校においての定期試験などの試験時にも配慮することが考えられる。なお，ほかの受験者よりも優位にならないように配慮事項は留意する必要がある。

〔**大学入学共通テストにおける配慮事項**〕

大学入学共通テストにおける配慮事項を表 2−4 に示す。

IPtalk

tach

こえとら

SpeechCanvas

表 2−4　大学入学共通テスト「受験上の配慮案内」における聴覚に関する配慮内容

リスニングにおいて配慮する事項（例）
●両耳の平均聴力レベルが原則として60デシベル以上の重度難聴者等で，リスニングを受験することが困難な者 　リスニングの免除 ●上記以外の者 　音声聴取の方法＊ 　試験室：一般受験者と同室 　＊音声聴取の方法については，IC プレイヤー付属のイヤホンを使用する方法に代えて，以下の方法を申請することもできる。 　・イヤホンまたはヘッドホンの持参使用（Bluetooth 等の無線通信機能は使用できない） 　・CDプレーヤーのスピーカーから直接音声を聞く方法（別室） 　・補聴器を外してイヤホンを使用 　・**補聴器または人工内耳のコネクターに持参したコードを接続** 　・ヘッドホンの貸与

出典）大学入試センター：大学入学共通テスト　令和４年度試験受験上の配慮案内，2021.

補聴器または人工内耳のコネクター
補聴器などにイヤホンやオーディオケーブルなどを接続するための装置。

〔英検における配慮事項〕

英検における配慮事項を表 2−5 に示す。

表 2−5　英検「受験上の配慮対応」における視覚・聴覚に関する配慮内容

障がい区分	対象者区分	一次試験			二次試験(1〜3級のみ)		許可事項
		配慮内容	試験教室	試験時間	配慮内容	試験時間	
視覚	全盲	**点字** 点字の問題冊子を使用して受験し,点字用解答用紙に解答します。 3〜5級のリスニング第1部と5級の第3部ではイラストを用いず,イラストの日本語説明文に置き換えます。	別室	1.5倍	**点字** 点字の問題カードを使用して受験します。イラストについては,イラスト説明文で代用します。	黙読時間・考慮時間の延長(級により異なる)	・点字盤の持参使用 ・パーキンスの持参使用 ・ルーペ・携帯型オプチスコープの持参使用 ・オプチスコープの持参使用 ・照明機器の持参使用 ・乗用車での来場 ・介助者の同伴(試験中は除く)
	障害等級が6級程度より重度の視覚障がい者	**拡大墨字A3** 弱視用のA3問題冊子(25Pゴシック体文字)を使用して受験し,同サイズの文字解答用紙に書き込む方法です。 3〜5級のリスニング第1部ではイラストを用いず,イラストの日本語説明文に置き換えます。			**拡大墨字A3** 弱視用のA3問題カード(25Pゴシック体文字)を使用して受験します。イラストにはイラスト説明文が付記されています。		
		普通墨字A4 弱視用のA4問題冊子(18Pゴシック体文字)を使用して受験し,同サイズの文字解答用紙に書き込む方法で 3〜5級のリスニング第1部ではイラストを用いず,イラストの日本語説明文に置き換えます。			**普通墨字A4** 弱視用のA4問題カード(18Pゴシック体文字)を使用して受験します。イラストにはイラスト説明文が付記されています。		
		一般墨字A4(オプチスコープ使用) 一般問題冊子のコピー(A4)をオプチスコープで拡大して受験します。 解答は直接問題に○つけ,または記入して提出します。			**普通墨字A4(オプチスコープ使用)** 弱視用のA4問題カード(18Pゴシック体文字)をオプチスコープで拡大して受験します。イラストにはイラスト説明文が付記されています。事前に機械の設置が必要なため,別室での受験になります。		
	上記以外の視覚障がい者	**文字による解答A4** 他の受験者と同様,一般問題冊子(A4)を使用して受験しますが,解答用紙はマークシートではなく文字解答用紙を使用します。	一般同室	通常	**優先受験** 受験者の不自由の度合いを考慮して,あらかじめ受験者情報を印字した面接カードを用意し,直接面接室に誘導し,優先的に面接を受けてもらう配慮です。	通常	
聴覚	障害等級が6級程度より重度の聴覚障がい者	**テロップ** リスニングテストを音声でなく文字で映し代替とします。	別室	リスニング放送(CD)の1.5〜2倍	**筆談（音読を口話で実施）** 面接委員からの指示や質問はフラッシュカード(FC)で示されます。 受験者は,FCを見て質問に対する応答を英文で書いて答えます。 2〜3級のパッセージ音読は口頭で行います。	筆談記入・フラッシュカード提示のため通常時間より長くなる	・補聴器等の使用 ・マイク付補聴器の使用 ・乗用車での来場 ・介助者の同伴(試験中は除く)
					筆談（音読を筆談で実施） 面接委員からの指示や質問はフラッシュカード(FC)で示されます。 受験者は,FCを見て質問に対する応答を英文で書いて答えます。 2〜3級のパッセージ音読は筆談で行います。 1級・準1級はパッセージ音読がないためこちらを選択してください。		
		強音放送 リスニングテストを別室にてボリュームを上げて聞きます。		通常	**FC＋口話** 面接委員からの指示や質問はフラッシュカード(FC)で示されます。 受験者は,FCを見て質問に対する応答を口頭で行います。	フラッシュカード提示のため通常時間より長くなる	
	上記以外の難聴者	**座席配置** スピーカー近くに座席を配席して受験します。	一般同室		**口話** 通常通りの面接を行いますが,面接委員からの質問や指示は,聞こえの状態に合わせて,ゆっくりはっきり大きめの声で行います。	通常	

出典）日本英語検定協会：実用英語技能検定　障がい等のある方への受験上の配慮（旧：特別措置）について，2021.

2　生活を支える支援機器

第４次障害者基本計画（2018年度からの５年間）が，障害者基本法第11条に基づき策定された。基本理念は，「共生社会の実現に向け，障害者が，自らの決定に基づき社会のあらゆる活動に参加し，その能力を最大限発揮して自己実現できるよう支援」することである。

内容として，1．安全・安心な生活環境の整備，2．情報アクセシビリティの向上及び意思疎通支援の充実，3．防災，防犯等の推進，4．差別の解消，権利擁護の推進及び虐待の防止，5．自立した生活の支援・意思決定支援の推進，6．保健・医療の推進，7．行政等における配慮の充実，8．雇用・就業，経済的自立の支援，9．教育の復興，10．文化芸術活動・スポーツ等の振興，11．国際社会での協力・連携の推進があげられている。

特に，2．情報アクセシビリティの向上及び意思疎通支援の充実では，「障害者が必要な情報に円滑にアクセスすることができるよう，障害者に配慮した情報通信機器・サービス等の企画，開発及び提供の促進や，障害者が利用しやすい放送・出版の普及等のさまざまな取組を通じて情報アクセシビリティの向上を推進する。あわせて，障害者が円滑に意思表示やコミュニケーションを行うことができるよう，意思疎通支援を担う人材の育成・確保やサービスの円滑な利用の促進，支援機器の開発・提供等の取組を通じて意思疎通支援の充実を図る」ことを基本的な考え方として，次の取り組みが記述されている。

①情報通信における情報アクセシビリティの向上（抜粋）
・障害者に対するIT相談等を実施する障害者ITサポートセンターの設置や障害者がパソコン機器等を使用できるよう支援するパソコンボランティアの養成・派遣の促進等により，障害者のICTの利用及び活用の機会の拡大を図る。
・聴覚障害者が電話を一人でかけられるよう支援する電話リレーサービスの実施体制を構築する。
②情報提供の充実等（抜粋）
・聴覚障害者に対して，字幕（手話）付き映像ライブラリー等の制作及び貸出し，手話通訳者や要約筆記者の養成・派遣，相談等を行う聴覚障害者情報提供施設について，ICTの発展に伴うニーズの変化も踏まえつつ，その整備を促進する。
・身体障害者の利便の増進に資する通信・放送身体障害者利用円滑化事業の推進に関する法律に基づく助成等により，民間事業者が行うサービスの提供や技術の研究開発を促進し，障害によって利用が困難なテレビや電話等の通信・放送サービスへのアクセスの改善を図る。
③意思疎通支援の充実（抜粋）
・聴覚，言語機能，音声機能，視覚，失語，知的，発達，高次脳機能，重度の

身体などの障害や難病のため意思疎通を図ることに支障がある障害者に対して，手話通訳者，要約筆記者，盲ろう者向け通訳・介助員等の派遣，設置等による支援や点訳，代筆，代読，音声訳等による支援を行うとともに，手話通訳者，要約筆記者，盲ろう者向け通訳・介助員，点訳・音声訳を行う者等の養成研修等の実施により人材の育成・確保を図り，コミュニケーション支援を充実させる。

・情報やコミュニケーションに関する支援機器を必要とする障害者に対して日常生活用具の給付又は貸与を行うとともに，障害者等と連携してニーズを踏まえた支援機器の開発の促進を図る。

④行政情報のアクセシビリティの向上（抜粋）

・各府省において，特に障害者や障害者施策に関する情報提供及び緊急時における情報提供等を行う際には，字幕・音声等の適切な活用や，知的障害者，精神障害者等にも分かりやすい情報の提供に努めるなど，多様な障害の特性に応じた配慮を行う。

・各府省において，障害者を含む全ての人の利用しやすさに配慮した行政情報の電子的提供の充実に取り組むとともに，ウェブサイト等で情報提供を行うに当たっては，キーボードのみで操作可能な仕様の採用，動画への字幕や音声解説の付与など，「みんなの公共サイト運用ガイドライン」に即した必要な対応を行う。また，地方公共団体等の公的機関における**ウェブアクセシビリティ**の向上等に向けた取組を促進する。

・政見放送への手話通訳・字幕の付与，点字，音声，拡大文字又はインターネットを通じた候補者情報の提供等，ICTの進展等も踏まえながら，障害特性に応じた選挙等に関する情報提供の充実に努める。

ウェブアクセシビリティ
高齢者や障害者など心身の機能に制約のある人でも，年齢的・身体的条件にかかわらず，ウェブで提供されている情報にアクセスし利用できること（総務省ウェブアクセシビリティ実証実験事務局，2001より）。

本項では，聞くことの困難さがある人にとっての生活を支える支援機器について，コミュニケーション，生活場面を観点に述べていく。

(1) コミュニケーション

聴覚障害者のコミュニケーションには，表2-6に示されるとおり，補聴器をはじめとしたさまざまな手段があり，支援機器に関しては，「パソコン・意思疎通支援機器」「携帯電話」「スマートフォン・タブレット端末」「ファックス」「コミュニケーションボード（絵・カードなど）」があげられている。また，言語障害者も含めた調査であるが，日常的な情報入手手段の支援機器に関しては，「パソコン」「携帯電話」「スマートフォン・タブレット端末」「ファックス」があげられている（表2-7）。

支援機器に関しては，障害者用に開発された製品ではない通常の製品を，文字情報の表示に使用したり，視覚的な代替手段に使用したりしていることが考えられる。ここでは，コミュニケーションを行う際に，具体的にはどのような

表 2−6　聴覚障害者の日常的なコミュニケーション手段（65歳未満・総数48人，複数回答）

補聴器	25.0% （12人）	筆談・要約 筆記	22.9% （11人）	携帯電話	6.3% （3人）	コミュニケーション ボード （絵・カード等）	2.1% （1人）
人工内耳	4.2% （2人）	手話・ 手話通訳	25.0% （12人）	スマートフォン・ タブレット端末	20.8% （10人）		
読　話	10.4% （5人）	パソコン・ 意思疎通支援機器	4.2% （2人）	ファックス	14.6% （7人）	家族・友人・ 介助者	2.1% （1人）

表 2−7　聴覚・言語障害者の日常的な情報入手手段（65歳未満・総数56人，複数回答）

一般図書・新聞 （ちらしを含む雑誌）	48.2% （27人）	スマートフォン・ タブレット端末	50.0% （28人）	手話放送・ 文字放送	37.5% （21人）	その他の方法 により情報を 入手している	5.4% （3人）
パソコン	35.7% （20人）	ファックス	25.0% （14人）	ラジオ	3.6% （2人）		
携帯電話	23.2% （13人）	テレビ （一般放送）	73.2% （41人）	家族・友人・ 介助者	37.5% （21人）	利用していない	3.6% （2人）

出典）表 2−6，表 2−7ともに厚生労働省社会・援護局障害保健福祉部：平成28年生活のしづらさなどに関する調査（全国在宅障害児・者等実態調査）結果，pp.27-28, 2018.

製品やサービスがあるのかを，電話や窓口での対応を例に次から述べる。

1）電　話

　日常生活で身近に使われている電話を例に取り上げる。電話には，家に据え置くもの，携帯電話，スマホ，公衆電話などさまざまな形態がある。音声通話だけではなく，電子メールやSNS（social networking service）など，文字などの情報を扱い通信できるものもある。ここでは，音声通話をする際に生じる，聞くことの困難さのための支援機器について述べる。

　① **聞き取りやすくするための手段**　　聞き取りやすくするための手段として，音声を増幅する機器，音声を補聴器に送信する機器，骨伝導ハンドセットなどがある。この手段は，主に**伝音難聴**で，音を増幅したりすることで聞き取りやすくなる人にとって有効である。

　電話の音量を最大にしても聞き取りにくい場合，音声を増幅する機器を使用することで音量の最大値が上がり，適切な音量に調整することが可能になる。

　音声を補聴器に送信する機器を使用することで，周囲の環境音や雑音などの影響を抑え，相手の声のみを直接補聴器に伝え，聞くことが可能になる。

　骨伝導ハンドセットＳ（図 2−61）を利用することで，外耳から鼓膜までに疾患がある場合に，直接，聴覚神経に働きかけ，聞き取ることが可能になる。

　② **視覚情報に代替する手段**　　視覚情報に代替する手段は，ファックス，電子メール，テレビ電話などがある。

伝音難聴
外耳や中耳に何らかの障害があることで起こる。耳をふさいだときのように，音が聞こえる。

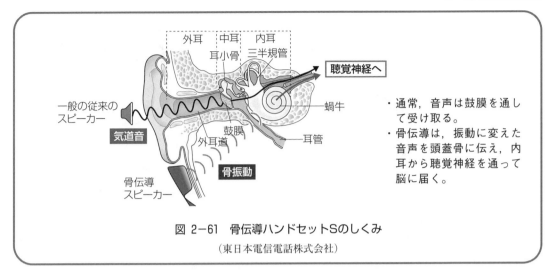

外耳　中耳　内耳
耳小骨　三半規管

聴覚神経へ

一般の従来の
スピーカー

気道音

蝸牛

鼓膜

外耳道

耳管

骨伝導
スピーカー

骨振動

・通常，音声は鼓膜を通して受け取る。
・骨伝導は，振動に変えた音声を頭蓋骨に伝え，内耳から聴覚神経を通って脳に届く。

図2-61　骨伝導ハンドセットSのしくみ
（東日本電信電話株式会社）

　携帯電話で電子メールやSMS（short message service）の送受信が可能になったため，文字情報でのやりとりがしやすくなってきた。また，SNSを利用することで，リアルタイムで文字情報のやりとりが容易になった。さらに，相手の音声を文字に変換して表示し，文字を入力して相手に音声で伝えるサービスが試行されている。

　テレビ電話は，従来，専用機器が必要であったが，PCや，スマホなどを用いて利用することが可能になった。

　音声の代替として，文字のやりとり，手話のやりとりができ，伝えたい内容などによって選択が可能である。

③　**電話を代行する手段**　　電話を代行する手段には，電話お願い手帳の利用や，電話リレーサービスなどがある。

　電話お願い手帳とは，東日本電信電話株式会社（NTT東日本）および西日本電信電話株式会社（NTT西日本）が配布している，外出先で要件などを書いて近くの人に電話などの協力をお願いする際に使用する手帳である（図2-62左）。また，Web版やアプリ版が提供されており，手帳を所持していないときに，スマホで使用することもできる（図2-62右）。また，筆記することが難しい際に簡単に入力できる利点も考えられる。メモ帳に要件を書くことで相手にお願いすることができるが，急いでいるときや，相手に正確な情報を伝える際には，よく使う文面や内容を選択できるような定型文の一覧や，枠組みが有効である。

　電話リレーサービスとは，第三者が電話を代行することで，手話や文字を使い，話したい相手に電話をすることができるものである（図2-63）。サービスの受付窓口が電話のみであったり，やりとりをしなければならない場合などに有効である。

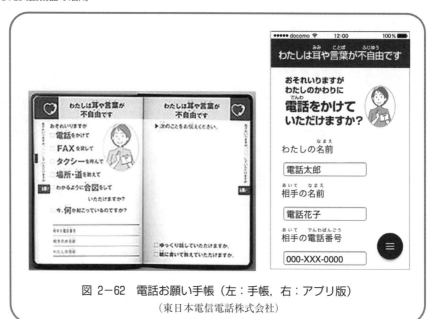

図 2-62　電話お願い手帳（左：手帳，右：アプリ版）

（東日本電信電話株式会社）

●きこえない・きこえにくい人にとって…
遠くにいる「きこえる人」と手話や文字を使って，リアルタイムで会話ができる

●きこえる人にとって…
遠くにいる「きこえない・きこえにくい人」と一般電話と同じ手段で会話ができる

図 2-63　電話リレーサービス

出典）全日本ろうあ連盟：電話リレーサービスとは

2）窓　口

① **呼び出し**　呼び出し方法は，名前や番号を声で読み上げるものがある。ほかに，電光掲示板による番号などの呼び出し方法は，聴覚障害者にとってもわかりやすいものである。また，振動で呼び出す機器を利用している

施設などもある。

② **窓口対応**　　窓口対応では，筆談ボードの設置や，手話通訳などによる支援がある。

筆談ボードでは，ホワイトボード型のほか，ボタンを押すことで記述内容をすぐに消去することが可能な電気式のボードを利用している場合もある（図2-64）。消去が早いことや，記録ができない機器を利用することで，プライバシーの保護にもつながる。

手話通訳では，手話通訳者が不在の際に，遠隔手話通訳が実施している場合がある。遠隔手話通訳とは，タブレット端末などのテレビ電話機能を介して手話通訳者が手話通訳をするものである。手話通訳者が在籍する支店を結ぶことや，手話通訳センターなどを利用することも可能である。

携帯型の補聴システムのマイクを相手に使用してもらうことで，相手の声を直接補聴器に届けることが可能になる。また，**ヒアリングループ**（磁気誘導ループ）が設置され，補聴器の T モードで聞くことが可能になる施設もある。

ヒアリングループ
p.59 参照。

聞こえに困難がある人への配慮を表すための「耳マーク」や，ヒアリングループ設置場所および対応機器を示すマーク「ヒアリングループマーク」（図2-65）が作成されており，全日本難聴者・中途失聴者団体連合会が普及促進に取り組んでいる。

図 2-64　電子メモパッド
ブギーボード（株式会社キングジム）

図 2-65　耳マーク（左）とヒアリングループマーク（右）
（一般社団法人全日本難聴者・中途失聴者団体連合会）

（2）生活場面

1）来客を知る

来客を知るためにドアホンが利用されている。ドアホンはチャイムなどの音で通知するものが一般的である。ドアホンと連携し，振動，光などによる音を代替する手段で通知するものがある。

2）起床する

目覚まし時計の音を，枕や腕時計型の機器を用いて振動に代替する方法がある。

3）テレビや映画を視聴する

字幕放送や，手話放送により，テレビ番組を視聴することが可能になる。しかし字幕放送を行っているCMは多くなく，**字幕付きCM**の拡大が望まれる。映画については，日本語字幕付き上映やヘッドフォンの貸出を行っている映画館もある。

字幕放送や手話放送の普及目標は，放送分野における情報アクセシビリティに関する指針（総務省，2018）で定められている。字幕放送では，NHKや地上系民放（県域局以外）について，対象の全放送番組への字幕付与が目標とされている。手話放送は，「NHK（放送衛星による放送を除く）及び地上系民放（県域局を除く）については，2027年度までに平均15分/週以上に手話付与」とされている。

　　① **字　幕**　　2017年度の字幕放送などの実績（総務省，2018）では，一定レベル達成はあるものの，「対象の放送番組のすべてに字幕付与」の目標には届いていない（表2-8）。

近年，ICT技術の発展により，テレビ放送にさまざまな付加情報を加え，必要に応じて情報を選択して利用する方法が進んできた。

スマートテレビは，放送番組と連動したWebアプリを用い，テレビやスマホ画面に付加表示するもので，放送番組に合わせて多様なコンテンツ・アプリを選択して表示できる。この付加情報サービスは，放送事業者とは別の業者が行うことも可能で，多様な表示が可能である。

「スマートテレビ時代における字幕等の在り方に関する検討会　取りまとめ」（総務省，2014）ではユニバーサルアクセスの確保・向上の観点から，多言語字幕や字幕付きCMも表示普及の期待を述べている。

劇場用映画の字幕は無声映画の時代から用いられ，外国語映画におけるメッセージ理解において工夫が加えられてきた。劇場用外国語映画では，映像とメッセージを素早く理解する必要があるため，字幕は台詞1秒に対して4文字以内，一度に表示される字幕は20文字までが基本といわれている。原語の台詞を忠実に翻訳しないこともあり，字幕翻訳者のセンスが評されることもしばしばある。

字幕付きCM
2010年3月にTBSテレビ系列28局で放送されたドラマ『ハンチョウ』で，パナソニック株式会社が字幕付きCMを放送したのが，初めての取り組み。日本民間放送連盟
https://www.j-ba.or.jp/category/broadcasting/jba101840

スマートテレビ
インターネット接続機能をもつテレビの総称。テレビ局が提供する番組だけでなく，動画視聴サイトのコンテンツも見ることができる。

表 2−8　2017 年度の字幕放送等の実績

	「視聴覚障害者向け放送普及行政の指針」の普及目標の対象となる放送番組における字幕番組の割合(注1)	総放送時間に占める字幕放送時間の割合	総放送時間に占める手話放送時間の割合
NHK（総合）	88.5%	85.3%	0.2%
NHK（教育）	84.3%	74.1%	2.7%
在京キー 5 局 (注2)	100%	61.4%	0.1%
在阪準キー 4 局 (注3)	99.0%	60.2%	0.1%
在名広域 4 局 (注4)	96.8%	53.6%	0.1%
系列県域 101 局 (注5)	79.3%	47.5%	0.1%
独立県域 13 局 (注6)	18.7%	12.1%	0.8%
NHK（BS1）	23.2%	21.1%	-
NHK（BS プレミアム）	85.1%	75.4%	-
民放キー局系 BS 事業者 5 社 (注7)	23.3%	12.2%	-

（注 1）2 週間のサンプル週（平成 29 年 5 月 29 日（月）〜6 月 4 日（日）および 11 月 27 日（月）〜12 月 3 日（日））における調査。
　　　　普及目標の対象となる放送番組とは，7 時から 24 時までの間に放送される番組のうち，次に掲げる放送番組を除くすべての放送番組をいう。
　　　　・技術的に字幕を付すことができない放送番組（例　現在のところ，複数人が同時に会話を行う生放送番組）
　　　　・外国語の番組
　　　　・大部分が器楽演奏の音楽番組
　　　　・権利処理上の理由などにより字幕を付すことができない放送番組
（注 2）在京キー 5 局：日本テレビ放送網㈱，㈱ TBS テレビ，㈱テレビ朝日，㈱フジテレビジョン，㈱テレビ東京
（注 3）在阪準キー 4 局：㈱毎日放送，朝日放送テレビ㈱，讀賣テレビ放送㈱，関西テレビ放送㈱
（注 4）在名広域 4 局：㈱ CBC テレビ，東海テレビ放送㈱，名古屋テレビ放送㈱，中京テレビ放送㈱
（注 5）系列県域 101 局：注 4，注 5，注 6 および注 8 に記載した事業者以外の地上テレビ放送事業者
（注 6）独立県域 13 局：東京メトロポリタンテレビジョン㈱，群馬テレビ㈱，㈱とちぎテレビ，㈱テレビ埼玉，千葉テレビ放送㈱，㈱テレビ神奈川，㈱岐阜放送，三重テレビ放送㈱，びわ湖放送㈱，㈱京都放送，奈良テレビ放送㈱，㈱サンテレビジョン，㈱テレビ和歌山
（注 7）民放キー局系 BS 事業者 5 社：㈱ BS 朝日，㈱ BS ジャパン，㈱ BS-TBS，㈱ BS 日本，㈱ビーエスフジ
出典）総務省：平成 29 年度の字幕放送等の実績，2018. http://www.soumu.go.jp/menu_news/s-news/01ryutsu09_02000217.html を改変

　近年，映画館などにおけるバリアフリー視聴システムの研究が進んできている。UDCast（ユーディーキャスト）は映画・映像・放送などの「音声」の非可聴領域に置いた「音声電子透かし」などを使用し，スマホなどで聴覚障害者用字幕，視覚障害者用音声ガイド，手話映像，多言語字幕・音声を表示・再生するシステムである。前述のスマートテレビがインターネット・データ通信を利用するのに対して，UDCast は著作権などの保護のため非可聴領域音声情報と専用アプリを使用する。方式に違いはあるが，ICT を活用し，文字，音声などの付加情報をニーズに応じて選択・利用できる点は優れている。また，専用端末ではなく，汎用の PC やスマホを使用することで，普及を進めている。バリアフリー上映対応マークを図 2−66 に示す。

「音声ガイド」対応マーク　　　「字幕ガイド」対応マーク

図 2-66　バリアフリー上映対応マーク

4）交通機関を利用する

　電車やバスの車内アナウンスは，音声によることが多く，聴覚障害者は現在地や，目的地までどのくらいかかるかといった情報を得ることが困難である。

　新幹線などの特急列車内では，LED 式による情報表示をしている（図2-67）。また，在来線の列車においても情報表示をしている車両もある。バスも同様で，現在地や目的地，次のバス停の案内が表示されている車両がある（図2-68）。

　しかし，遅れがあったりした場合は，車内アナウンスの情報より遅れて情報表示もしくは内容の更新があることも考えられるなど課題もある。

図 2-67　列車車内の情報表示

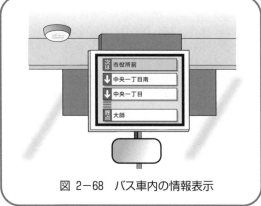

図 2-68　バス車内の情報表示

コラム　シーズ・ニーズマッチング強化事業

　テクノエイド協会では，障害者自立支援機器　シーズ・ニーズマッチング強化事業を行っている。シーズ・ニーズマッチング交流会を開催するとともに，出展機器をデータベース化し，参照できるようにしている。「障害者自立支援機器　シーズ・ニーズマッチング強化事業」から，開催された交流会毎に，同事業で出展された聴覚障害者の日常生活支援機器が参照できる。

テクノエイド協会

http://www.techno-aids.or.jp/

さらに，バス車両に設置可能なヒアリングループシステムが開発されている。

5）火災報知

火災報知器の警報は，音によるものが多い。そのため，聴覚障害者が気がつかず火災に巻き込まれる可能性がある。代替手段は，音声に加えて，文字情報による災害表示，フラッシュなどの強い光，振動などがある。

2010年には，「平成22年度聴覚障がい者に対応した火災警報設備等のあり方に関する検討会」（総務省消防庁）が設置され，火災報知器などの改良が進められている。

演習課題
1. 本文で紹介している大学入学共通テストや英検以外の検定試験の配慮事項を調べてみよう。
2. 大学等における聴覚障害者に対する情報保障を調べてみよう。
3. p.76のコラムにある「障害者自立支援機器　シーズ・ニーズマッチング強化事業」のWebサイトから，最新の聴覚障害者に対する日常生活支援機器を調べてみよう。

引用文献
1) 遠藤良博：聴覚障害者への「情報保障」．聴覚障害，**57**（6），2002.
2) 柴崎美穂：情報保障．標準言語聴覚障害学聴覚障害学，2010.
3) 田中祐一郎・原島恒夫・田原敬：パソコン要約筆記における情報伝達量に影響を及ぼす要因に関する研究．聴覚言語障害，**43**（2），2014.
4) 新谷洋介：特別支援学校（聴覚障害）の教科指導におけるICT活用の現状〜特別支援学校におけるICT活用全国調査から〜，国立特別支援教育総合研究所研究紀要，**45**，57，2018.

参考文献
・文部科学省：教育の情報化に関する手引，2010.
・文部科学省：教育の情報化に関する手引，2019.
・文部科学省：教育の情報化に関する手引―追補版―，2020.
・文部科学省：これが欲しかった！ICT機器の「次の」活用方法（平成30年度版），2018.
　http://kyozai.nise.go.jp/?action=common_download_main&upload_id=551　（最終閲覧：2021年9月30日）
・内閣府：第4次障害者基本計画　概要，2018.
　https://www8.cao.go.jp/shougai/suishin/pdf/kihonkeikaku30gaiyou.pdf　（最終閲覧：2021年9月30日）
・総務省情報流通行政局地上放送課：放送分野における情報アクセシビリティに関する指針
　https://www.soumu.go.jp/main_content/000531258.pdf　（最終閲覧：2021年9月30日）
・総務省消防庁：平成22年度聴覚障がい者に対応した火災警報設備等のあり方に関する検討会
　https://www.fdma.go.jp/singi_kento/kento/kento257.html　（最終閲覧：2021年

9 月 30 日）

・国立特別支援教育総合研究所：特別支援教育の基礎・基本新訂版, ジアース教育新社, 2015.

・国立特別支援教育総合研究所：特別支援教育教材ポータルサイト（支援教材ポータル）

http://kyozai.nise.go.jp/　（最終閲覧：2021 年 9 月 30 日）

・障害理解のための医学・生理学, 明石書店, 2010.

・全日本ろうあ連盟

https://www.jfd.or.jp/　（最終閲覧：2021 年 9 月 30 日）

・全日本難聴者・中途失聴者団体連合会

https://www.zennancho.or.jp/　（最終閲覧：2021 年 9 月 30 日）

・ウェブアクセシビリティ実証実験事務局　ウェブアクセシビリティとは

https://barrierfree.nict.go.jp/accessibility/whatsacs/index.html　（最終閲覧：2021 年 9 月 30 日）

・大学入試センター（大学入学共通テスト）　受験上の配慮案内（PDF 形式）

https://www.dnc.ac.jp/kyotsu/shiken_jouhou/hairyo.html　（最終閲覧：2021 年 9 月 30 日）

・日本英語検定協会　障がい等のある方への受験上の配慮（旧：特別措置）について

http://www.eiken.or.jp/eiken/apply/pdf/hairyo2021-1.pdf　（最終閲覧：2021 年 9 月 30 日）

④　動くことの困難さ

1　デキルことを生かす支援技術

　動くことの困難さがある人の支援技術としてはどのようなことがあると考えればいいだろうか。「障害があるから○○デキナイ」という視点で肢体不自由児を評価すれば，「歩けないから買い物に行けない」「ページがめくれないから本が読めない」と考えてしまうことになる。したがって，彼らが何らかの活動を行う場合，家族や学校の教員といった周囲の人びとによる援助が必要になってくる。例えば，学級や家庭で花を育てている場合，水の入ったジョウロを持つことのできない肢体不自由児に「花に水やりをしてね」と頼む人はいないだろう。その結果，周囲の人びとがジョウロを持って花に水をかけ，彼らはかたわらでその様子を見ているだけになる。何とかその子にも水やりをさせてみたいと思う人であれば，子どもの手を包み込むようにしてつかみ，自分の手と子どもの手のすき間にジョウロの柄を挟み込んで水をかけるという方法をとるかもしれない。また，子どもの手の上にジョウロの底をのせて，ジョウロを傾けさせようとするかもしれない。しかしながら，いずれにしても彼らが自分自身の力だけで花に水をかけることはできないのである。

　一方，「障害があっても△△という工夫をすれば○○デキル」という視点がある。何でもよいからデキルことを探してみよう，部分的にでもデキルことからやっていこうという考え方である。この視点で障害のある人をとらえるには，何らかの行動を完璧なかたちで遂行することを目標にするのではなく，現在もっている能力で遂行できるかたちに置き換えてみる必要がある。

　それを具現化する方法として，障害機能を支援技術で置き換えるというアプローチがある。誕生日会でバースデーケーキのロウソクの火を消すことを例にあげてみよう。フーッと息を吹いてロウソクの火を消せない肢体不自由児の誕生日会では，だれがロウソクの火を消しているだろうか？　多分，「この子にはできないから，周りの人がしてあげようね」と考えて，周囲の人びとが代わりに吹き消してあげているのではないだろうか。

　ところが，肢体不自由といっても，どこも全く動かせないわけではない。「手を少し上げる」「小さいけれども声を出す」「頭をほんのわずか動かす」など，わずかながらも動かせる部位がある。また，乾電池で作動するおもちゃやコンセントの電源で作動する家電品などに取り付けられた小さなスイッチを指先で操作することはできなくても「腕全体ならば動かすことがデキル」「足で踏む

図 2−69　扇風機でロウソクを消す

アクセシビリティス
イッチ
欧米で使われている用
語で，障害児者が入力
しやすいように工夫さ
れたスイッチの総称。
日本では，外部スイッ
チと呼ばれることもあ
る。押す，引く，触れ
る，呼気，発声，筋肉
の動き，脳波などの障
害児者の得意な動きに
反応するスイッチやセ
ンサーのこと。市販さ
れている製品のほとん
どは，外部機器に接続
するための Φ 3.5mm
モノラルミニジャック
が付いている。アダプ
ティブ（adaptive）ス
イッチと呼ばれること
もある。

動きはデキル」といった粗大な動きが可能な子どもも少なくない。そういった
子どもの得意な動きに反応する**アクセシビリティスイッチ**（以下，「スイッチ」
と呼ぶ）を利用して，電気仕掛けの機器を作動させたり，止めたりすることが
できれば，子どもの障害機能を補うことができるようになる。

　したがって，肢体不自由児の得意な動きに反応するスイッチを扇風機に接続
することができれば，扇風機の風でロウソクの火を消すことができるようにな
るのである（図2−69）。

　誕生日の主人公が自らロウソクの火を消すことはあたりまえのことだと思う。
テクノロジーの効果というよりは発想の転換がこの問題を解決してくれるのであ
る。

　このように考えてみれば，「障害があっても○○デキル」という視点が，肢
体不自由児の生活を受動的なものから能動的なものへと変えていくきっかけに
なるはずである。日常のいろいろな活動に部分的にでも参加することを考えて
みよう。きっと，デキルことがたくさん見つかるはずである。

2　ICT を活用した支援

　肢体不自由児者の意思表出を支援するものとして，ICT 機器が使われてき
たが，そのまま使えるとは限らず，何らかの付加的な機能を追加することが行
われてきた。金森はコンピュータの入力方法として表2−9にあげるような，
各種の入力方法を整理することを指摘している。本項では，その中でも近年肢
体不自由児者に積極的に利用が始まっている「スイッチ入力」「タッチ入力」「視
線入力」を中心とした機器について紹介する。また，ICT 機器と実際の利用
者の間には図2−70で示すように入力特性と動作特性を検討することも大切に
なる。

表 2-9 支援機器選定のための整理表

1 標準のキーボードやマウスでの入力
1-1：一般的なキーボードやマウスでの操作
1-2：市販される一般のキーボードやマウスでの操作
2 代替キーボード
2-1：障害者用のキーボード
3 代替マウス
3-1：障害者用のジョイスティックやトラックボール
3-2：ヘッドマウス
3-3：視線マウス
3-4：キーボードマウス
4 タッチパネル
5 スイッチ操作
5-1：オンスクリーンキーボード操作
5-1-1：1スイッチ操作（オートスキャンなど）
5-1-2：2スイッチ操作
5-1-3：多点スイッチ操作
5-2：符号化入力（モールスキーボードなど）
6 音声認識

（金森克浩，2017）

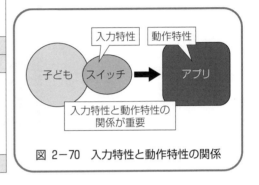

図 2-70 入力特性と動作特性の関係

　なお，スイッチ類についての詳述は本章第7節「重複障害による困難さ」を参照されたい。

　また，肢体不自由児者へのICT活用では欠かせない，コミュニケーションエイドとしてのVOCAの活用については，本章第5節「コミュニケーションの困難さ」に記載している。

（1）スマートデバイスの利用

　2007年にApple社のiPhoneが登場して以来，スマホやタブレット型情報端末機器といったスマートデバイスがICT機器の主流になってきた。スマートデバイスのディスプレイは，人間の静電気を感知するので触るだけで入力できるし，インターネットに接続されていれば音声で入力することも可能である。

　現在，スマートデバイスのOSは，Google社のAndroidOS，Microsoft社のWindowsOS，Apple社のiOS/iPadOSという3種類がある。中でも，障害のある人たちが使いやすくなるための仕組み（＝アクセシビリティ）が購入したときから備わっており，コミュニケーション用アプリや学習系アプリが豊富なApple社iDevices（iPhone・iPadシリーズ・iPod touchの総称）が国内外の特別支援教育の現場で活用されている。200万本以上あるといわれているiDevices用アプリの中で，VOCAとしての機能をもち日本語に対応したアプリの一覧は「佐賀県情報端末・AT（アシスティブテクノロジー）利活用研究会」（通称：

VOCA
voice output communication aid の略で，音声出力装置のこと。厚生労働省が定める日常生活用具給付等事業の概要の④情報・意思疎通支援用具に示される携帯用会話補助装置が該当する。あらかじめ音声を録音しておいて本体のスイッチを押してその音声を出力する装置や本体に表示されたひらがな50音のスイッチを押して文章を綴り読み上げさせる装置などがある。
p.110参照。

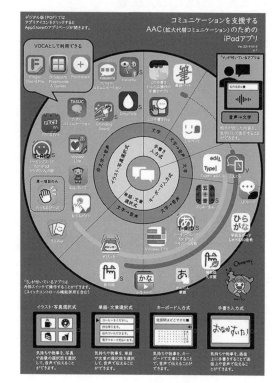

図 2-71　アプリ整理表 1

（Ommyz 工房@Web，2019. 10. 27 更新版）

佐賀の LAN

iDevices 向けアプリ

佐賀の LAN）のホームページ https://saganolan.wixsite.com/lan-site/download からダウンロードできるので参考にしてもらいたい（図 2-71，図 2-72）。

　また，スマートデバイスは，電動おもちゃや家電品ではフィードバックできない映像や音声を出力することができる。ディスプレイをタップすると画像が変化し音が聞こえるといったアプリは Cause and Effect アプリと呼ばれており，その中でも肢体不自由児の教育でよく使われている iDevices 向けアプリは，https://bit.ly/39ooU82 で紹介されているので参考にしてもらいたい。なお，紹介されたアプリの中には iOS/iPadOS のバージョンによっては作動しないものもあるので注意してほしい。

　これらのアプリからフィードバックされる画像や音の変化といった刺激を子どもが心地よいと感じれば，再びその刺激を楽しもうと iDevices に働きかけるようになる。それこそが，因果関係の気づきであり，コミュニケーション意欲を向上させるきっかけになると思われる。

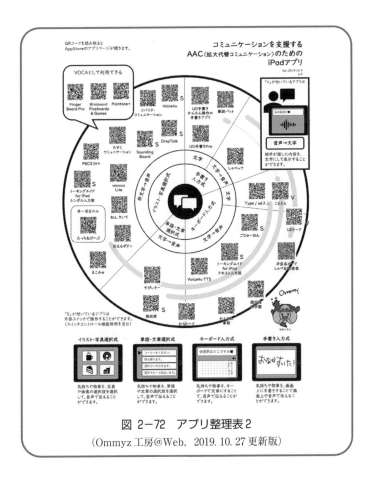

図 2-72　アプリ整理表 2

(Ommyz 工房@Web，2019. 10. 27 更新版)

(2) iDevices を使ううえでの工夫

1) アクセスガイド

iDevices アプリの中には，画面の中に広告が表示されるものがあり，誤って子どもがそのエリアに触れてしまうと Web サイトや課金画面に誘導されてしまう。また，誤って子どもがホームボタンを押してしまうこともある。いずれも，それまで使っていたアプリが中断されてしまうことになり，子どもの意欲がそがれることもある。そのような事態を防ぐために，ホームボタンやスリープボタンの無効化や，特定のエリアのタップを無効にすることができる〔アクセスガイド〕というアクセシビリティ機能が iDevices に備わっているので，子どもの実態に応じて設定しておくことを推奨する（参考サイト→ https://bit. ly/2KNVbLm）。

2) AssistiveTouch

ことばや情緒の発達を促すうえで，絵本が有効だということはよく知られている。0 歳児の読み聞かせから始まって，子どもはしだいに次ページの絵や仕掛けを期待してページをめくるようになる。手指を動かすことに困難さがある肢体不自由児の場合，電子化した絵本を iDevices で利用するとよい。iDevices

向け電子絵本アプリの多くは，ディスプレイの上をなぞる（＝スワイプ操作）だけでページがめくれる仕組みになっている。スワイプが難しい場合，アクセシビリティ機能〔Assistive Touch〕でスワイプのジェスチャーを作っておけば，タップするだけでページめくりができるようになる（参考動画→https://bit.ly/37g8hIF）。

〔Our Story 2〕〔Book Creator〕〔Story Creator Pro〕といったアプリは，iDevices のカメラで撮影した本のページや描いた絵に音声を録音したり字幕を入れることができる機能があり，手軽に電子絵本や電子紙芝居を作ることができる。大人が作った電子絵本を子どもがページめくりして楽しむというだけでなく，子どもが描画アプリで描いた絵や撮影した写真を元に電子絵本を作ることができるのである。子ども自身で作った電子絵本が完成したら，近隣の保育所や幼稚園などに持っていって披露するというのはどうだろう。喜んでもらえるクオリティであれば，立派な社会貢献につながる。なお，市場に流通している絵本や書籍はもとより，あらゆる創作的な著作物には著作権がある。それらを電子化したデータを無断で他人に配布することは著作権法に抵触するので注意が必要である。

3）i+Pad タッチャー

i+Pad タッチャー
本体から出ているコードの先端についている静電ユニットをiDevices の画面に貼って使う。i+Pad タッチャー本体に接続したスイッチに入力すると，静電ユニットを貼った位置がタップされたものとして反応する仕組みである。

iDevices の画面は，人間の静電気に反応するタッチパネルになっているので，指などの人体部位のどこかが画面に触れると，iDevices は「入力された」と感知するのである。しかし，ディスプレイに手指を伸ばしたり触れたりすることが困難な肢体不自由児の場合，一人ひとりの手指の状態や可動範囲，筋力の強弱，などの特性に応じた入力の仕方を工夫する必要がある。

iDevices の操作の中で，最も多く使うタップという「画面を軽くたたく」操作は肢体不自由児者にとって難しい場合があるが，i+Pad タッチャー（図2-73，https://bit.ly/3fKzLu8）を利用すれば，スイッチへの入力でタップ操作がで

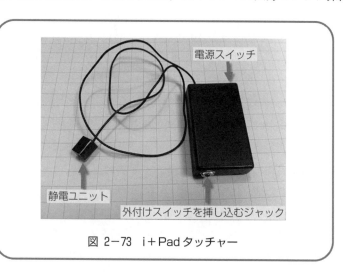

電源スイッチ

静電ユニット

外付けスイッチを挿し込むジャック

図 2-73　i＋Pad タッチャー

きるようになる。

　i+Pad タッチャーとスイッチを利用することで，電子書籍アプリでページを
めくったり（参考動画→ https://bit.ly/3fMC9jN），〔ミュージック〕アプリで音
楽を聞いたり，プレゼンテーションアプリ〔Keynote〕や〔PowerPoint〕で朝の
会や集会で司会をしたりする活動が可能になる。また，〔カメラ〕アプリの
シャッターアイコンの位置に静電ユニットを貼り付ければ，スイッチに入力す
るだけで写真撮影もできるようになる（参考動画→ https://bit.ly/2JiWNML）。
日々のスナップ写真を撮るだけでなく，運動会や修学旅行などのイベントで写
真係を担当してもらうというのはどうだろうか。

　〔i+Pad タッチャー〕は，長く使っていると静電ユニットの粘着性が弱くなっ
て剝がれやすくなるので，そのときは輪ゴムやマスキングテープで静電ユニッ
トを貼ることを推奨する。

4）スイッチコントロール

　iDevices の操作には，❶タップ＝画面を軽くたたく（触る），❷ロングタッ
プ（長押し）＝画面を一定時間タッチし続ける，❸ダブルタップ＝画面を素早
く２回軽くたたく（触る），❹スワイプまたはフリック＝画面を上下または左
右に軽くはじく（スライドさせる），❺ドラッグ＝画面にタッチしたまま（指を
離さずに）スライドさせる，❻ピンチイン＝画面を２本指でつまむ，❼ピンチ
アウト＝画面を２本指で広げる，といったものがある。肢体不自由があるため
に iDevices を操作することが困難な場合，スイッチ１個または２個に入力す
るだけで❶から❼までのすべての操作を可能にする〔スイッチコントロール〕
いう機能を利用すると便利である。

　スイッチコントロールを利用するには，iDevices とスイッチをつなぐための
インターフェースが必要である。現在，国内で販売されているインターフェー
スは https://bit.ly/3mfzguv で紹介されている。また，スイッチコントロール
の解説動画 https://bit.ly/3l9sEMI も参考にしてもらいたい。

（3）ハンズフリー入力のための支援機器

　現在の支援技術では，手足や身体を動かさなくても目や頭（顔）を動かすだ
けで PC やタブレット端末に入力する方法が開発されている。それがハンズフ
リー入力と呼ばれているものであり，代表的なものが Eye Tracking（視線入力）
と Face Tracking（顔追跡入力）である。

　視線入力装置を利用したコミュニケーション支援に取り組むときに，PC の
画面に文字盤を表示して「さぁ，文字を打ってごらん」といってもうまくいか
ない。その要因のひとつとして，対象者の目の位置と視線入力装置との位置や
距離を正しく設定（＝キャリブレーション）できていないこと，すなわち固定
の難しさがあげられる。さらに，対象者が「やってみたい」と意欲的になれる

Face Tracking
ノート PC やスマート
デバイスに内蔵されて
いるカメラで顔の動き
を検知して，マウスポ
インターを操作する技
術のこと。顔を動かす
ことは頭を動かすこと
と同じなので，Head
Tracking と呼ばれる
こともある。

ようなコンテンツが提供できていないことがあげられる。

　その二つを解消するためのコツを，島根大学総合理工学研究科の伊藤史人が自身のサイト（https://bit.ly/3liHtfU）でまとめている。その中で，伊藤は「視線入力は固定が8割」「失敗させないようにゲーム遊びから始めること」の2点を強調している。そして，固定方法の紹介とともに，失敗させないゲームアプリ **EyeMoT 2D**（https://bit.ly/33lLBpy）と **EyeMoT 3D**（https://bit.ly/2Vc9L1a）を開発し，無償で提供している。さらに，それらの工夫をまとめた資料映像（https://bit.ly/3fUCxwZ）も公開しているので参考にしてほしい。

EyeMoT 2D

EyeMoT 3D

　視線入力以外に，顔や頭を動かすだけでPCやタブレット端末に入力することができるハンズフリー入力方法がFace Trackingである。2021年2月時点で入手可能なFace Tracking装置に関する情報を https://bit.ly/2V9gGrI にまとめているので参考にしてもらいたい。

　また，ホームボタンのないiPad/iPhoneやAndroid端末の内蔵カメラを利用したFace Tracking（Head Tracking）入力に対応したアプリも登場してきており，今後の発展が期待される。

（4）社会参加とは所属する集団に貢献すること

　特別支援教育の最大の目的は，子どもたちの可能な限りの自立と社会参加であるといわれている。福島は1999年に当時の文部省から派遣されて，米国における障害児者支援の実際を視察する機会を得た。8州11都市を訪れたが，その中のひとつウィスコンシン州にある高等学校の特別支援学級を訪れたときのことを紹介する。

　そのクラスでは，障害種の違う5人の生徒たちが〔空き缶つぶし〕のJob Training（日本流にいえば特別支援学校などで取り組まれている「作業学習」に相当する）に取り組んでいた。まず，ダウン症のA君が空き缶を水で洗い（図2-74），次に全盲のB君と肢体不自由のCさんが空き缶のプルタブ（プルタップ）をはずし（図2-75），最後にA君が空き缶をつぶす（図2-76）という作業工程であった。その間，骨形成不全症のD君はDynaVoxというVOCAを使って「We need a can」「Wash a can」「Smash it」といったことばを出力させて作業手順を指示していた（図2-77）。自閉症のE君は「作業なんかしたくない」という感じで，椅子に座ったまま旧型のDynaVoxから何やら音声を出力させていた（図2-78）。よく聞いてみると，「How about Packers ?（パッカーズの調子はどう？）」ということばである。

　ウィスコンシン州にはGreen Bay Packersというアメリカンフットボールのプロチームがあり，「ウィスコンシンの高校生はPackersの勝ち負けをとても気にしていて，それは障害の有無に関係ないんですよ」と担任のF先生が教えてくれた。つまり，ウィスコンシンの高校生の間で最も関心の高いことばが

図 2－74　空き缶洗い

図 2－75　プルタブはずし

図 2－76　空き缶つぶし

図 2－77　ことばを出力して作業手順の指示

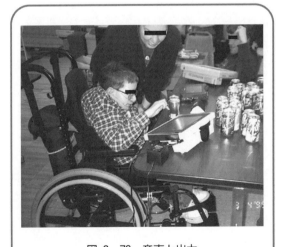

図 2－78　音声と出力

「How about Packers ？」なのである。すると，そのことばを聞いたみんなが「昨日，Packers が勝ったよね」「クォーターバックの○○が活躍したね」「次は△△が相手だから応援しなきゃ」といった会話を始め，生き生きと作業を続けるようになったのである。E君はときおり「Good job」ということばを旧型DynaVox から出力させて，みんなを元気付けていた。そして，作業の仕上げをするのはA君で，専用のプレス機で空き缶をつぶして作業は完了した。

　その学習をよく見てみると，この作業は①空き缶を水洗いする，②プルタブをはずす，③空き缶をプレス機でつぶす，という三つの工程からなる作業なので，A君一人で完遂できるのである。当時の日本の作業学習では，一人で作業工程を完遂し，できるだけスピーディに完成度の高い仕事ぶりが求められていたので，不思議に思って「なぜ，みんなでひとつの作業をするのか？」とF先生に尋ねてみた。すると，「たしかにA君一人で三つの工程をやれる。しかし，一人では三つの作業工程ができない生徒にもデキルことがある。だから，全員で作業をシェアしながら空き缶つぶしの仕事をするのである。各自がそれぞれの能力をもち寄って，その能力を発揮し合いながら活動することが重要だと考えている。だから，缶の水洗いやプルタブをはずすという作業能力はなくてもVOCA の操作ができれば指示係や応援係をしてもらうし，スイッチの操作ができれば電気機器の電源係をしてもらうようにしている。何らかの役割を担って活動に参加することによって責任感をもつようになるし，ひいては社会に貢献しようとする意欲や態度が芽生えるのである。それが社会参加につながると考えている」という答えが返ってきたのである。

　福島が米国で訪問した学校は，小・中・高等学校，特別支援学校を合わせて27 校であった。小・中・高等学校の特別支援学級や特別支援学校では Job Training に限らず図画工作や家庭科といった授業の中で，障害のある子どもたちが4〜6 人程度のグループになって，役割を担ったり作業をシェアしたりして協力し合いながら学習していた。また，小・中・高等学校の通常学級に在籍している障害のある子どもたちは，障害のない子どもたちといっしょのグループに所属して，その中でも何らかの役割を担って学習していた。この「役割を担い，作業をシェアし，協力し合う」という考え方は，米国のスタンダードといっても過言ではないと感じた。

　日本の小・中学校でも，障害の有無にかかわらず，どのクラスでも朝の会と帰りの会を行っている。周りの人が聞き取ることのできる発声が困難な子どもが司会や健康観察の係になったとき，学級担任または明瞭にしゃべれる子どもが代弁する場合が少なくない。つまり，障害が重度な子どもは，朝の会の場にいても何もやること（＝役割）がないのである。そういう状況は"場に存在しているだけでしかない"とF 先生は指摘するのである。米国では，司会・健康観察・歌の伴奏といった役割を果たすことこそが，その集団に貢献すること

であり，社会に参加することである，と考えられており，そのためにも支援機器の活用は欠かせないものであると理解されている。日本においても，障害のある子どもが活動に参加し，社会に貢献するためには，周囲の支援者が発想を変えて，支援機器を積極的に活用していく必要があるのではないだろうか。

3　生活を支援する機器

（1）移動を支援する

　下肢の動きに障害がある場合，上肢をその動きの補助として活用することで歩行が可能になる。歩行するということは，移動能力を大きく増幅し，それによって活動の質が上がることが予想されるので，操作する上肢に課題がなければ活用するのが望ましいといえるだろう。歩行を支援する代表的な機器として杖，松葉杖，歩行器などがある。

1）杖

　運動障害のある人にとって，最もシンプルに動くことを支援する機器のひとつとして「杖（図2-79）」があげられる。歩行するということを補助するものだ。

　杖の起源は明らかではないが，古文書などに絵や記載による記録が多数ある。これは有史以来，戦争が絶えたことがなく，戦闘によるけがや障害を負う者が少なくなかったことが原因であると考えられる。

　現在の杖は木材またはアルミニウムで作られていることが多い。主な部品としては，握り手，支柱，杖先で構成されている。

　①　杖の種類　　杖は形状などによって以下のように分類される。

【杖の分類】[1]

- ケイン（杖）：握りの上に支持機構がないもの。人体との接点が1点であるもの。
- クラッチ：握りの上に支持機構のあるもの。または前腕・肘・腋窩（えきか）など身

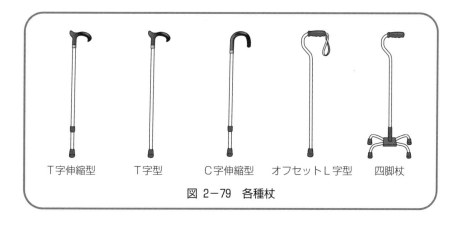

T字伸縮型　　　T字型　　　C字伸縮型　　オフセットL字型　　四脚杖

図2-79　各種杖

体との接点が2点以上のもの。

② **代表的な杖**　　一般的に活用されることの多い杖について，紹介する。

・T杖：従来は，主に持ち手がCまたはT型のものが用いられてきた。しかし，近年では，実態に応じて，さまざまな持ち手の杖が開発されてきた。また材質も従来は木，鉄であったが，グラスファイバーを用いた軽量の杖も開発されている。

　杖の先端は杖先といい，ゴムのキャップなどを付ける。これは摩擦を大きくして，支持性を向上させるためである。また足の数が3または4のものがあり，それぞれ三脚杖，四脚杖と呼ぶ。それぞれ足がひとつのものよりも安定性は高いが，体重を真上からかけないとかえって不安定になる。また階段などでの使用は難しいことから個々の実態に応じての選択が必要になる。

・松葉杖：松葉杖も杖と同様に木材，アルミニウムによって作られている。松葉杖は一般に，腋窩支持型と前腕支持型に分けられる。

　腋窩支持型は握り手を握り，身体と上腕で挟むことによって安定性を増すことができる。両下肢に全体重をかけられないときに活用することが望ましい。

　前腕支持型は，カフによって前腕を松葉杖に固定し，握り手と前腕とで用いる。腋窩支持型と比較して不安定であるものの杖よりは安定性があると考えられる。

　杖，松葉杖いずれにしても，下肢の動きの困難さを，上肢の力によって補填し，移動を可能にする機器である。個々の実態によっては，上肢にも困難さをもつ場合も少なくない。それゆえ，その使用の決定は医療の見地から決定されるべきである。また実際に学校や生活場面の中での活用の具体，例えば，家に階段があるかなどによっても，杖または松葉杖の使用の適，不適が変化することはいうまでもない。したがって，専門機関などの意見を十分に参考にしながら，活用を促すことが望まれる。また子どもの場合，成長期である場合，身体の状況が短期間に大きく変化することがある。それまでは適していた杖の大きさ，長さなどが短期間のうちに子どもに適さなくなることも少なくない。支援者は，子どもが杖や松葉杖を日常的に使用している教室や生活場面で，その様子を観察し，変化をいち早く知る必要がある。得た情報は保護者や専門機関に直ちに伝え，より適したものに早く交換することを促す必要があるだろう。

2) **歩行器**

　歩行器（図2-80）は，主に室内での使用を想定した機器である。段差がある一般家屋，階段での日常での使用が困難であることが理由である。使用目的として，歩行訓練の初期に，病院や訓練施設などで一時的に用いられることが

多い[2]。一般的に歩行器は左右の支持脚がフレームで連結されている。それゆえ，側方の安定性が得られる。失調症などバランスを取ることに困難のある利用者に適した機器だと考えられる[1]。

① 代表的な歩行器

- SRC ウォーカー（図2-81）：SRC とは，Spontaneous（自発的），Reaction（反応），Control（調節）の略であり，有薗製作所が開発した前方型歩行器である。一般的に四輪の構造を取る。体幹を幅のあるベルトで固定し，サドルにまたがり，サドルの高さや角度を調節することで両下肢のわずかな動きで前進することができる。座位や立位が取れない場合に利用する。
- PC ウォーカー（図2-82）：PC とは Posture Control の略である。構造は身体の側面に支持グリップがあり，両上肢の支持で身体を伸ばすことができ，安定した直立姿勢を保持することができる。一般的な歩行器に比べて両足が接地している時間が長い。後輪にバックストッパーがあり，逆走を防ぐ。

3）車椅子

肢体不自由者にとって，移動は最大の困難であることは想像しやすい。その対策として最も一般的なものが車椅子（図2-83）であろう。車椅子とは，小

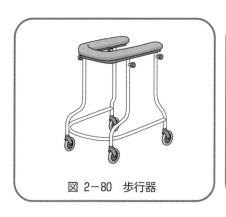

図 2-80　歩行器

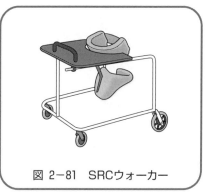

図 2-81　SRCウォーカー

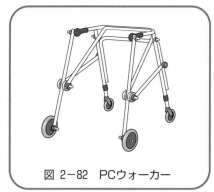

図 2-82　PCウォーカー

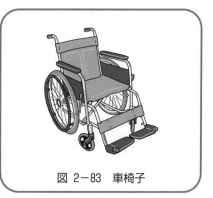

図 2-83　車椅子

崎[3]によれば，「身体の機能障害などにより，歩行困難となった者の移動に使われる福祉用具」であり，基本的な構造は，背もたれと座面によって構成される座席部分とその両側に一対の車輪と自由に向きが変わる一対のキャスターを備えたものとされている。

　車椅子の歴史は杖と同様に古い。最古は，中村[4]によれば，1595年に描かれたスペイン王フィリップ2世が療養用の椅子に乗った姿だという。小型の車輪があり，リクライニング，足上げなど，現在に通じる機能を有していたことがわかる。その後1600年代の半ばには，クランクが付き，乗っている人が自分で回すことで車輪を動かし自走可能な形態の車椅子が出現したとされている。

　車椅子はその後世界中でたくさん使用されるようになった。その原因の最も大きな理由は，世界中で勃発した戦争にあるといえるだろう。武器，弾薬の性能が科学の進歩とシンクロして格段に上がることにより，兵士が追うけがや障害の度合いもまた重篤化したことは間違いがないだろう。中村[4]によれば，初めて機関銃が武器として採用された南北戦争では，数多くの死傷者が出た。戦争によって歩行の自由を失う事例の増大が車椅子の開発に拍車をかけたと考えて間違いはない。日本に目を転じてみると，同様の理由，すなわち日清・日露戦争を経た結果，多くの傷痍軍人が生じ，脊椎損傷者を収容した箱根療養所では車椅子が使用され，「手動運動車」と命名された[5]。そして箱根療養所で多数使われたために「箱根式車椅子」と呼ばれるようになった。これが日本でオリジナルに開発された車椅子の嚆矢であると考えられる。それ以来，材質や構造など，実態に応じた改善が重ねられ，さまざまな種類の車椅子が開発されてきた。

① **車椅子の種類**　車椅子の種類はさまざまあり，分類の方法もいくつかある（表2-10）。

　これらの基本構造の違いに加えて，さらに細かな調整が必要になる。なぜなら，肢体不自由がある場合，自力で姿勢を保持することが難しいことが少なくない。それゆえ，クッションなどで姿勢保持を補助する座位保持椅子や頭の位置を固定するためのヘッドリスト，肘を置くアームなどを検討する必要がある。

② **新しい技術の開発**　近年，さまざまな技術革新が起こり，その影響は車椅子の開発にも大きく影響している。車椅子を作る素材がこれまでの鉄やアルミに加えてチタン合金やカーボンファイバー，強化プラスチックを使ったものが作られ始めている。これらの素材を使うと車椅子の軽量化が可能になると考えられる。

　また電動車椅子の進歩がめざましい。バッテリー，モーターの小型化やセンサー技術の向上，合わせてコンピュータの進化によって，走行の安定

表 2-10　車椅子の分類

動力源から見た分類	a. 動力源を有しないもの（使用者自らの筋力を発揮して操作するもの）	・普通型車椅子 ・前方大型車輪型車椅子 ・片手駆動型車椅子 ・レバー駆動型車椅子 ・移動の動力を介助者に頼るもの：手押し型車椅子
	b. 動力源（電動モーター）を有するもの	・専ら動力源によって動作するもの：普通型電動車椅子 ・動力源を電力と自らの筋力と併用（同時または分離）：簡易型電動車椅子
座位姿勢の保持方式から見た分類	a. 背部・座面が固定されているもの	・普通型車椅子 ・手押し型車椅子（A，B型）
	b. 背部に可動性があり，背もたれと座面のなす角（座角）の変化するもの	・リクライニング式
	c. 座面が固定されていて，座面の傾きが変化するもの	・ティトル式
	d. 背もたれと座面の傾きがそれぞれ変化するもの	・リクライニング・ティトル式

出典）小崎慶介：車椅子．はげみ，398, 4-9, 2018.

性向上や危険予測のレベルも高まっていると考えられる。将来的に，AIが組み込まれるようになれば，例えば行き先を登録すれば，安全にさまざまな障害物を察知，回避しながら，目的地まで自動走行する電動車椅子が出現する可能性があるだろう [3]。

　このような技術革新が車椅子の高機能化をもたらすことは歓迎するべきことである。しかし，同時に車椅子の価値は，やはり利用者のニーズにいかに合致しているかによって決まるという原則は変わらない。支援者は，利用者の声に耳を傾け，専門家の意見を聞きながら，より使いやすい車椅子の選択を目ざすべきだと考えられる。

(2) 自分ですることを補助する道具−自助具

　肢体不自由者が生活動作をより便利に，より容易にできる工夫がなされた道具を自助具と呼ぶ。近年では自助具は市販されるようにもなっているが，より個々の実態に合わせて選択したり，調整したりすることが必要である。

1) 食器の補助

　肩や肘の関節機能，手や指の運動機能に課題があれば，自力で食べることは難しい。以下に紹介するマイスプーンなどの使用を検討することも考えられるが，困難さが軽度の場合は，自力で食べたいという気持ちを大事にする必要がある。ここでは生活の場面ごとに活用できる道具を紹介する [6]。

① **スプーン・フォーク，箸**　　実際に口まで食べ物を運ぶためのスプーン・フォークや箸には，それぞれの実態に応じた形や素材の変更が可能なものが求められる。口に直接あたる部分や持ち手の部分の工夫によって，自力で食べることができたり，介助される場合にも安全に食べたりすることが可能になる。

• グリップに工夫のあるスプーン・フォーク（図２−84）：首と柄の部分それぞれを自由に曲げることができる。持ち手の部分についてもそのままの持ち手ではなく，シリコン樹脂などのやわらかい材質を用い，かつ太くすることで持ちやすくすることができる。太さを変えることで握りに必要な力を軽減することができるので，少ない力でも保持することができ，長時間の使用にも対応できることがある。

• グリップ付きの箸やピンセット型の箸（図２−85，図２−86）：グリップ付きの箸は手のひらの中での安定感が高く，指だけを動かすことで使用が可能になるので強い力を必要とすることなく使用できる。

　　またピンセット型の箸は左右いずれでも使うことができる。

② **補助皿**　　一般的な皿は机などと接する部分の面積が小さく，置いたままで食べることには向いていないことが多い。補助皿は底面積を大きくし，安定感を向上させた皿である（図２−87）。また強化磁器などの材質を用いることで破損にも強く，加えて重さもあり，滑りにくく安定した状態で使用できる。補助皿の代表的なものとして，仕切皿がある。仕切り皿は傾斜があるために，最後まですくうことができる。皿の向きを変えることで，左右いずれからも使うことができる。

③ **マイスプーン**　　肢体不自由者にとって，生活上でのいわゆる基本的な活動に自由に参加できないことは大いにストレスになると考えられる。中でも食べるという活動はその最も顕著な例であると想像できる。食べることを支援する機器にマイスプーン（セコム社製）（図２−88）がある。

　　操作の基本は，レバーを倒すことで行う。仕切られた四つの枠の指定された方向にレバーを倒すとその枠の中にスプーンが移動し，自動で食べ物

図 2−84　グリップ付きスプーン

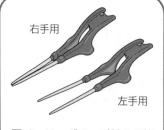

右手用
左手用

図 2−85　グリップ付きの箸

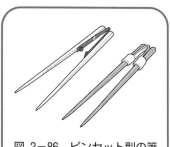

図 2−86　ピンセット型の箸

図 2-87 補助皿（仕切皿）

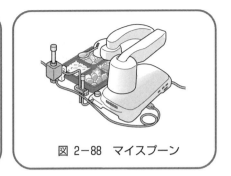

図 2-88 マイスプーン

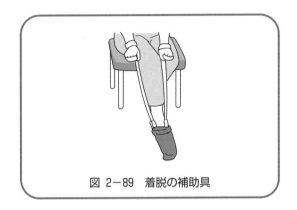

図 2-89 着脱の補助具

がある位置まで降下する。位置の移動はレバーで行い，食べ物をキャッチすると口の付近まで運んでくれる。筆者の経験では，数時間の練習後，即日給食の時間に試行し，自力で食べることに成功した事例もあった。

2）衣服の着脱

日常的な活動としての，靴下やストッキングの着脱，ボタンの止めはずしにも困難が生じることが多い。それぞれ対応した自助具によってより容易に衣服の着脱が可能になる（図2-89）。それによって服の選択肢が増えることにつながればなおよい。

　自助具について，いくつか具体的な例をあげて紹介した。いずれも身近な日常生活を支える道具である。これらの多くは市販されているが，個々の実態に応じてカスタマイズが必要な事例も少なくない。それゆえ，自助具作りのボランティアグループが日本全国に存在し，肢体不自由児者を支援している。

（3）まとめ

生活を支援する道具とその活用方法を紹介してきた。最後にこれらをよりよく活用するための視点をいくつか提示する。

1）ニーズは個々によって異なる

ここで紹介した機器や道具の活用方法はあくまでも一般的なものである。そ

れゆえ，同様の状況の子どもにそのまま適用して，うまくいくことはほぼない。実態は一人ひとり全く異なるからである。またそれぞれのニーズも異なるので，支援を必要とする活動の優先順位も全く違う。例えば，支援者から見れば，肢体不自由があれば，食事など，日常生活での支援が優先順位の上位にくると考えるのが通常である。しかし，畠山[7]は支援者が利用者と接するうえで必要な視点のひとつとして「共感者の視点」をあげている。その利用者と接し，その利用者の世界を知り，そのうえで気持ちやニーズに共感することが必要であるとしている。利用者の満足感が次のニーズを生み，徐々に生活全般にも支援を求め，機器を活用して，自らの世界を広げていくことができるのである。

ローテク・ハイテク
p.10 参照。

2) 道具を使うことはあくまでも手段，ローテク・ハイテクの区別はない

近年の技術開発の進展によって，ICT を活用した支援機器は目覚ましい進歩をとげている。そのような機器の能力は高く，どんな課題でも簡単に解決してくれるような錯覚に陥ることがある。しかし，必ずしも，最新の機器が利用者のニーズに合うわけではない。

新しい高機能な機器が学校や生活のさまざまな場面に適用されることはよいことだが，常に何をしたいのか，そのためにどんな支援が必要なのかをよく検討したうえで機器や道具の選択をする必要がある。

3) 社会に参加することにつながる支援を考える

道具を使う目的は，今ある困難さを軽減し，学習や生活の場面での参加を増やすことにある。しかし，それもやはり目的ではない。機器や道具によって，生活や学習を豊かにすることの目的は社会とコミュニケーションすることだ。機器や道具を活用し，子どもたちの今日の「デキル」「デキタ」を生み出し，そこから社会につながる道を見つけだすことが支援者に必要な力である。

演習課題

1. 日本で購入可能なアクセシビリティスイッチの特徴を調べてみよう。
2. iOS/iPadOS のアクセシビリティのひとつ Assistive Touch で，デジタル書籍のページをめくるためのスワイプ操作や，絵を描くためのグルグル線などのカスタムジェスチャーをつくってみよう。
3. iOS13 または iPadOS13 以降の iDevices では，PC 用ポインティングデバイス（マウス，トラックボール，トラックパッドなど）が使えるようになったので，その接続方法や使い方を試してみよう。

引用文献

1) 伊藤順一：歩行器・杖. はげみ, **378**, 17-22, 2018.
2) 原行弘・永田雅章：歩行訓練 – 杖・歩行器の種類と選び方. 総合リハビリテーション, **20** (9), 793-798, 1992.
3) 小崎慶介：車椅子. はげみ, **378**, 4-9, 2018.
4) 中村俊哉：技術の発達と車椅子の可能性. ノーマライゼーション　障害者の福祉, **33** (379), 40-43, 2013.
5) 髙橋義信：戦後初の日本製車いすと箱根療養所. ノーマライゼーション　障害者の福祉, **30** (350), 5, 2010.
6) 岡田英志・小嶋寿一：自助具の選び方, 利用のための基礎知識, pp.50-67, 一般財団法人保健福祉広報協会, 2018.
7) 畠山卓朗：支援技術入門—すべては気づきから—, ATAC2010 Proceeding, pp.15-19, 2010.

参考文献

・金森克浩：肢体不自由児の PC 入力方法に関する検討. 信学技報, **116** (438), 43-47, 2017.
・加島守：杖・歩行器等補助用品の選び方, 利用のための基礎知識. pp.35-53, 一般財団法人保健福祉広報協会, 2018.
・一般財団法人保健福祉広報協会：福祉機器　選び方・使い方　副読本　はじめてのベッド, リフト等移乗用品, 杖・歩行器, 車いす〜起きてから移動するまで〜基本動作編, 2020.
・宮野佐年：杖・松葉杖歩行. 総合リハビリテーション, **16** (3) 235-240, 1988.
・沖川悦三：車いすの歴史的変遷と今後の展望. 日本義肢具学会誌, **27** (1) 28-33, 2011.
・一般財団法人保健福祉広報協会：福祉機器　選び方・使い方　副読本　はじめての福祉車両, 福祉に役立つ情報機器・電気機器, 自助具　自立支援編, 2020.

⑤　コミュニケーションの困難さ

　「障害者の権利に関する条約」では意思疎通（コミュニケーション）を以下のように定義している。

> 　「意思疎通」とは，言語，文字の表示，点字，触覚を使った意思疎通，拡大文字，利用しやすいマルチメディア並びに筆記，音声，平易な言葉，朗読その他の補助的及び代替的な意思疎通の形態，手段及び様式（利用しやすい情報通信機器を含む。）をいう。
> 　「言語」とは，音声言語及び手話その他の形態の非音声言語をいう。

　AAC（augmentative and alternative communication：拡大・代替コミュニケーション）について中邑[1] は，ASHA（American Speech-Language-Hearing Association, 1989, 1991）の定義を要約し，「AAC とは重度の表出障害をもつ人々の形態障害（impairment）や能力障害（disability）を補償する臨床活動の領域を指す。AAC は多面的アプローチであるべきで，個人のすべてのコミュニケーション能力を活用する。それには，残存する発声，あるいは会話機能，ジェス

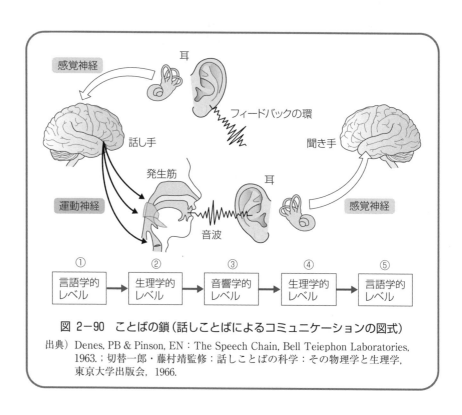

図 2-90　ことばの鎖（話しことばによるコミュニケーションの図式）

出典）Denes, PB & Pinson, EN：The Speech Chain, Bell Teiephon Laboratories, 1963.；切替一郎・藤村靖監修：話しことばの科学：その物理学と生理学，東京大学出版会，1966.

チャー, サイン, エイドを使ったコミュニケーションが含まれる」と述べ,「AAC
の基本は, 手段にこだわらず, その人に残された能力とテクノロジーの力で自
分の意思を相手に伝えること」と解説している[2]。AACの考え方は「障害者
の権利に関する条約」の意思疎通(コミュニケーション)の定義と一致する。

　コミュニケーションの過程の説明として図2-90の「ことばの鎖(speech
chain)」のモデルが用いられる。これはコミュニケーションには, 言語学的レ
ベル〜生理学的レベル〜音響学的レベル〜生理学的レベル〜言語学的レベルが
あり, これが繰り返されてコミュニケーションが成立するというモデルである。
このそれぞれのレベルでアシスティブ・テクノロジーを活用することでコミュ
ニケーションを支援することが考えられる。

　ICF-CY(国際生活機能分類-小児・青少年版, 世界保健機関(WHO), 2007)で
は, コミュニケーションは「コミュニケーションの理解　communicating-
receiving(d310-d329)」「コミュニケーションの表出　communicating-
producing(d330-d349)」「会話並びにコミュニケーション用具および技法の
利用　Conversation and use of communication devices and techniques(d350
-d399)」に大分類され, さらに細分類されている。前記の「ことばの鎖(speech

表2-11　ことばの鎖の段階とアシスティブ・テクノロジー

	行われる処理	部　位	利用できるアシスティブ・テクノロジー
言語学的レベル	①話し手は, 考えをまとめて伝えたいメッセージを決め, それに対する単語を選び, 文法規則に従って文を組み立てる ②発話運動のプログラミング	大　脳	コミュニケーション・シンボル シンボルによる文書作成ツール ・ドロップトーク ・PECS-Ⅳ iPad アプリケーション
生理学的レベル	③運動神経を介して喉頭, 舌, 軟口蓋, 口唇などの発声発語器官に運動の指令が伝わり, 音声が発せられる	中枢および末梢の神経系〜発声発語筋	VOCA 人工音声合成エンジン (Text to Speech)
音響学的レベル	④空気が振動し, 疎密波(音声波)が生じて空気中を伝播していく		マイクロフォン コミューン(音声拡張器) ミライスピーカー(手元スピーカー) イヤーマフ(雑音の軽減)
生理学的レベル	⑤聞き手の耳に到達した音声波は, 外耳, 中耳を経て内耳で神経信号に変換され, 感覚神経を通じて処理される	耳〜中枢神経	FM補聴器 人工内耳
言語学的レベル	⑥大脳の言語野に到達し, 言語形式の意味が読解され, メッセージが理解される	大　脳	コミュニケーション・シンボル 音声認識エンジン (Speech to Text)

出典)植田恵:標準言語聴覚療法学　高次脳機能障害学　第2版, 医学書院, 2015.に筆者が
　　　アシスティブ・テクノロジーの項を加筆

chain）」に ICF-CY のコミュニケーション支援の考え方を加えると，表2-11「ことばの鎖の段階とアシスティブ・テクノロジー」のようになる。それぞれのレベルに応じたアシスティブ・テクノロジー機器を用いることで，ことばの鎖をうまくつなぐことができるのである。

　ICF-CY によると，表2-12 に表示されている「会話並びにコミュニケーション用具および技法の利用」は「会話」「ディスカッション」「コミュニケーション用具および技法の利用」「その他」に分類され，「コミュニケーション用具および技法の利用」はさらに「遠隔通信用具の利用」「書字用具の利用」「コミュニケーション技法の利用」「その他」に分類され，それぞれの困難さに応じた支援が考えられることになる。

　また，「環境因子（environmental factors）」の「製品と用具」の項においては「e125 コミュニケーション用の製品と用具」があげられ，「コミュニケーション用の一般的な製品と用具」「コミュニケーション用の支援的な製品と用具（福祉用具）」「その他」に細分類されている（表2-13）。

　ICF-CY においてコミュニケーションは「理解」「表出」「用具および技法の利用」に分類されているが，実際のコミュニケーション場面では「ことばの鎖」のように連携して実施されるのである。

表 2-12　コミュニケーションに関する ICF-CY の分類

コミュニケーションの理解 communicating-receiving（d310-d329）		
d310	話し言葉の理解	communicating with-receiving-spoken messages
d315	非言語的メッセージの理解	communicating with-receiving-nonverbal messages
d320	公式手話によるメッセージの理解	communicating with-receiving-formal sign language messages
d325	書き言葉によるメッセージの理解	communicating with-receiving-written messages
d329	その他の特定の，および詳細不明の，コミュニケーションの理解	communicating-receiving, other specified and unspecified
コミュニケーションの表出 communicating-producing（d330-d349）		
d330	話すこと	speaking
d331	言語以前の発語（喃語の表出）	Pre-talking
d332	歌うこと	Singing
d335	非言語的メッセージの表出	Producing nonverbal messages
d340	公式手話によるメッセージの表出	Producing messages in formal sign language
d345	書き言葉によるメッセージの表出	Writing messages
d349	その他の特定の，および詳細不明の，コミュニケーションの表出	Communication-producing, other specified and unspecified
会話並びにコミュニケーション用具および技法の利用 Conversation and use of communication devices and techniques（d350-d399）		
d350	会話	Conversation
d355	ディスカッション	Discussion
d360	コミュニケーション用具および技法の利用	Using communication devices and techniques
d369	その他の特定の，および詳細不明の，会話とコミュニケーション用具および技法の利用	Conversation and use of communication devices and techniques, other specified and unspecified
d398	その他の特定のコミュニケーション	Communication, other specified
d399	詳細不明のコミュニケーション	Communication, unspecified

出典）厚生労働省大臣官房統計情報部：ICF-CY　国際生活機能分類－小児・青少年に特有の心身機能・構造，活動等を包含－．厚生労働統計協会，2010.

表 2-13　製品と用具に関する ICF-CY の記述

環境因子 environmental factors	
第 1 章　製品と用具 products and technology	
e125	コミュニケーション用の製品と用具	products and technology for communication

出典）厚生労働省大臣官房統計情報部：ICF-CY　国際生活機能分類－小児・青少年に特有の心身機能・構造，活動等を包含－．厚生労働統計協会，2010.

1 ICT を活用した支援

（1）話しことばの理解と表出

　人の声が小さく聞き取りにくい場合は，補聴器が利用されてきた。補聴器の歴史は古く，1950 年に身体障害者福祉法品目の指定を受け，また薬事法（2014 年に法律名改称），現在は医薬品，医療機器等の品質，有効性及び安全性の確保等に関する法律（略称，医薬品医療機器等法）における管理医療機器として普及が進められた。2000 年ごろから，デジタル制御による調整（フィッティング）や雑音カットなどの高性能化が進んできた（デジタル補聴器）。話し手と聞き手の距離が離れた場所や，周囲の声が行き交う場所では，補聴器や人工内耳を装用していても，それが拾う元の音声に雑音が多く聞き取りが困難な場合もある。そこで，教室などの常時利用する環境では，**デジタルワイヤレス補聴援助システム**により，話し手の声をマイクで拾い，直接電波で利用者の補聴器に送る方法も用いられている。

　近年，難聴者の側ではなく話し手のほうで音を拡張するスピーカー「コミューン」（図 2−91）や，広く，遠くまでハッキリと音声・ことばを送れる「ミライスピーカー」などが開発され利用されている。これら医薬品医療機器等法の規制を受けないものは集音器に分類されるが，難聴者にも聞きやすいクリアな音を届けることができ，話しことばの聞き取りに役立っている。

　聴覚過敏などで音声や雑音を大きく感じ，注意を維持できない場合は，音声を小さくしたり，必要な音声情報以外のさまざまなノイズを軽減したりできる機器が利用される。イヤーマフ（図 2−92）や**ノイズキャンセル機能**をもつヘッドフォンは，自閉症スペクトラム障害などで聴覚過敏のある人びとにも支持されてきた。普及にあたって，これらの機器は形状が一般のヘッドフォンと類似

デジタルワイヤレス補聴援助システム
p.58 参照。

コミューン
https://u-s-d.co.jp/

ミライスピーカー
https://soundfun. co. jp/

ノイズキャンセル機能
外からのノイズを抑える（遮音性）パッシブノイズキャンセリング，電気回路を使って"積極的に"ノイズを消すアクティブノイズキャンセリングがある。デジタル処理によりエンジン音など低音をより強く打ち消し，人の話し声はあまり打ち消さないようにするなどの設定ができる。

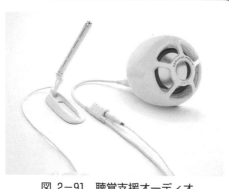

図 2−91　聴覚支援オーディオ
システム　コミューン
Comuoon mobile Lite TV
（ユニバーサル・サウンドデザイン株式会社）

図 2−92　イヤーマフ
3Mペルトル™ キッドイヤーマフ
（スリーエムジャパン株式会社）

しており，周囲の「合理的配慮」に対する理解（音楽を聞いているのではなくノイズキャンセル機能を使っているので，決して失礼な行為ではないこと）を広めることも知られるようになった。併せて，本人の心配への対応（周りの目が気になるなどの心配に対して，「メガネといっしょなんだよ」と気持ちを和らげるなど）も必要とされる。また，場に応じた消音レベルの調整，装着感などへの対応なども必要となる。

(2) 非言語的メッセージの理解

「d 315 非言語的メッセージの理解」としてはジェスチャーや絵記号（シンボル），絵や写真を使用したコミュニケーションが考えられる。これらの利用はICTを使用しないもの（表示やカード）とICTを利用するもの（タブレットなどで動的に表示）が混在している。また，支援内容も本章第6節「認知理解の困難さ」の内容も含むが，解説の都合上絵記号（シンボル）については先に述べていく。

(3) 図記号・絵記号（シンボル）

ICF-CYにおいて記号（シンボル）は「d 3151 一般的な記号とシンボルの理解」と「d 3152 絵と写真の理解」に分類される。

「一般的な記号とシンボル」は「公共の記号やシンボル」と解説されており，その例として「交通標識，警告表示，楽譜，科学的記号，図像（アイコン）」といった図記号があげられている。

「絵と写真の理解」では，「絵（線画，グラフィックデザイン，絵画，三次元表示，絵文字，ピクトグラムなど），グラフ，表，写真」といった絵記号があげられている。絵記号は単独で，あるいは文字と併用し，また複数連ねて単語や文の理解を促すことが行われている。

日本における絵記号利用の歴史は古く，江戸時代，かな文字が普及していなかった庶民が，般若心経の文言を絵で理解し唱えられるようにした「絵心経（盲心経）」が知られる（図2-93）。最古の「絵心経」は元禄年間（1688～1704）に南部藩の田山（現岩手県八幡平市）で使用されていたと述べられている（橘南谿，東西遊記 後編，1797）。また，南部藩の舞田屋から改良された「絵心経」が出版され（1835），日本各地に広まったとされる。

案内用図記号（ピクトグラム）は「言葉によらない，目で見るだけで案内を可能とするもの」（経済産業省，2018）と説明される，公共空間の案内などの図記号（grapical symbol）である。1964年の東京オリンピックがピクトグラムを全面的に導入した最初の大規模国際イベントで，文字表示がわからない外国人にとっても案内表示や禁止・注意事項などが理解しやすい図記号は，その後世界に普及していった。これらは案内用図記号 JIS Z8210（日本規格協会，2002）

図 2−93　絵心経（田山版）(橘南谿, 1797)

出典）橘南谿子：東西遊記・北窓瑣談, 有朋堂書店, p.112, 1922.

図 2−94　オリンピック・パラリンピック案内用図記号

として標準化され, 時代のニーズの変化とともに改訂が加えられてきた（図2−94）。近年は「2020 年東京オリンピック・パラリンピック開催に向けたピクトグラム作成検討委員会」において, 交通施設, 観光施設, スポーツ施設, 商業施設などの国内諸施設に使用される案内用図記号の標準の策定が行われた。

1) コミュニケーション・シンボル

　日本規格協会は「コミュニケーション支援用絵記号デザイン原則（JIS T 0103）」（2005）も策定している。こちらは図記号（grapical symbol：案内・表示に用いる）と区別して「絵記号」（pictorial symbol：コミュニケーションに用いる）あるいは「コミュニケーション・シンボル」と呼ばれている。

　コミュニケーション・シンボルはコミュニケーションに用いられる絵記号でその利用方法とともに普及している。海外ではブリスシンボル（blissymbols），ザ・サウンズ・アンド・シンボルズ（the sounds and symbols），Rebus，PIC，PCS などが知られる。日本国内でもこれらの海外のコミュニケーション・シンボルが**日本語ローカライズ**されるとともに，ドロップスなど日本独自のシンボルも開発され普及してきた。

2) ブリスシンボル

　ブリスシンボルはチャールズ・K・ブリス（Bliss, C.K., 1897 ～ 1985）によって発明された線画のシンボルである（図 2-95）。同じ言語を話さない人びとの間で意思疎通を可能にするための国際補助語として考案され，いかなる音声言語の音声にも対応していない。1960 年代から脳性まひなどにより音声言語で意思疎通ができない人の AAC（拡大・代替コミュニケーション）手段として注目されるようになり，現在はブリスシンボル・コミュニケーション・インターナショナル（https://www.blissymbolics.org/）が標準化を行い普及が図られている。

3) ザ・サウンズ・アンド・シンボルズ

　ザ・サウンズ・アンド・シンボルズはオーストラリアのブレルトン（Brereton, B.）により 1973 年に考案されたコミュニケーション方式である。日本では日本語版手引き書「ザ　サウンズ　アンド　シンボルズ」（図 2-96）（広川，1985）によって療育現場で普及した。ザ・サウンズ・アンド・シンボルズは 32 個のシンボルで構成され，シンボルごとにその基本概念から派生する多くの語彙をもつことを特徴としている。文法的な規則よりも簡単な約束事によりその意味を大切にするコミュニケーションシンボルであり，使用者の取り決めによって会話を豊かにすることに重点を置いている。

4) PCS

　PCS（picture communication symbols）はジョンソン（Johnson, R. M., 1981）

日本語ローカライズ
日本語に適合するように工夫を施し，日本の文化に適する文章に仕上げること。

図 2-95　ブリスシンボル（play）

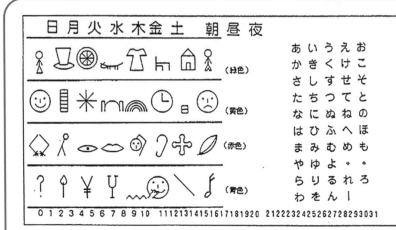

図 2-96　ザ　サウンズ　アンド　シンボルズ（日本語文字板）(広川，1988)
出典）広川律子：シンボル方式によるコミュニケーション-ザ　サウンズ　アンド　シンボルを用いて，肢体不自由教育，85，21-28，1988.

図 2-97　PCS

により開発されたコミュニケーションシンボルで，米国 Mayer-Johnson 社により商品化され 4,000 個以上のコミュニケーションシンボルを収録している（図 2-97）。線画をベースにしたシンボルはマンガ的表現も用いられており，世界で普及している。中邑ら（1997）により日本語化された。ボードメーカーは PCS を使用したコミュニケーションボードやオーバーレイを作成するソフトで，スピーキング・ダイナミカリー Pro はそれを使った意思伝達ソフトである。画面上に表示されているシンボルや文字を，マウスやタッチパネルを用いて選び，意思を伝える。

5）PIC シンボル

PIC（pictogram ideogram communication）はマハラジ（Maharaj, S. C., 1980）により開発されたシンボルで，北欧，日本，ポルトガル，ブラジルなど，20数か国で使用されている。スウェーデンでは，国家の教育事業のひとつとして PIC シンボルが制作され普及している。PIC シンボルは一般案内用図記号に使用されるピクトグラムのデザイン基準で，黒地に白のコントラストと線画でな

いシルエット像は視認性が高い。日本においては，藤澤ら（1995）により日本語化され（日本 PIC 研究会：http://j-pic.net/），経済産業省「コミュニケーション支援用絵記号デザイン原則（JIS T0103）」（2005）の基となり，JIS 絵記号（図2-98）が作成された。JIS 絵記号は，共用品推進機構により配布されている（https://www.kyoyohin.org/ja/research/japan/jis_t0103.php）。

JIS 絵記号

6）ドロップス

ドロップス（the dynamic and resizable open picture symbols：Drops）は，ドロップレット・プロジェクト（青木高光・竹内奏子・川辺博・大久保哲綱ら，2010）により開発，デザインされたシンボル・ライブラリである（https://droptalk.net/）。

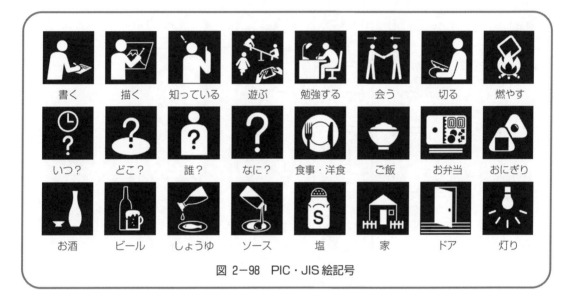

図 2-98　PIC・JIS 絵記号

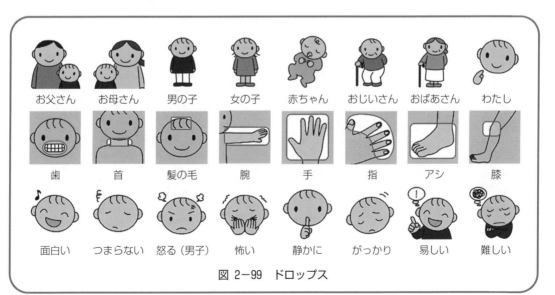

図 2-99　ドロップス

ドロップス・シンボル

特別支援学校現場，学校保健現場のニーズに応じて作成された 2,000 個以上の**ドロップス・シンボル**は無償で公開されており，学校現場で普及している（図 2-99, https://droptalk.net/?page_id=116）。DropTalk はドロップス・シンボルを使用した VOCA ソフトで，スケジュールボード作成やタイマー機能を有する。

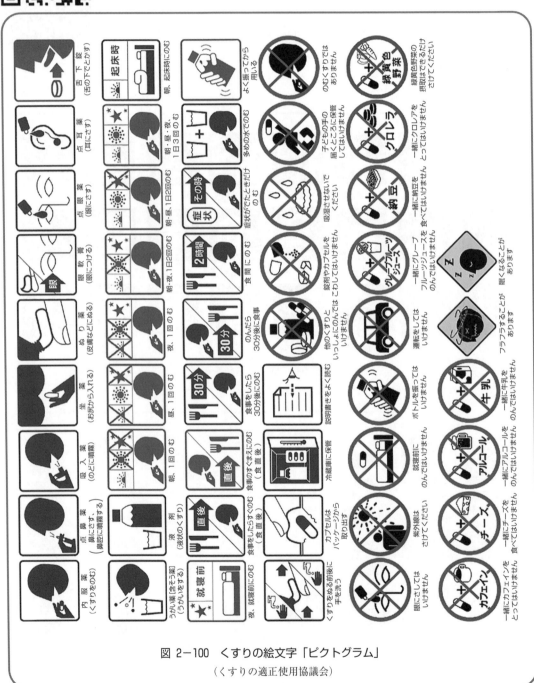

図 2-100　くすりの絵文字「ピクトグラム」
（くすりの適正使用協議会）

7）くすりの絵文字（ピクトグラム）

くすりの絵文字「ピクトグラム」

　図2-100のくすりの絵文字「ピクトグラム」は製薬企業27社で構成される「くすりの適正使用協議会」が策定したシンボルで，くすりの正しい飲み方や服用するうえで注意しなければいけないことなどを説明するものである（http://egotadp.biz/pictogram/RAD-AR/RAD-AR.htm）。米国薬局方（USP：United States Pharmacopeial Convention）の「USP Pictograms」（図2-101）を参考に，「児童および青少年のくすり教育プログラムガイド」で活用されることを前提に考案されたもので，子どもから高齢者までだれもが理解できることを目ざしている。

8）さまざまなイラストの利用

いらすとや

　実際のコミュニケーションには，統一された規格のシンボルだけでなくさまざまなイラストや自作の絵・記号，写真などが利用される。例えば，いらすとや（https://www.irasutoya.com/）のイラスト集はさまざまな場面やニーズに応じた多種多様なイラストが豊富で，コミュニケーションの現場において，図記号・絵記号として使用されることが多い（図2-102）。

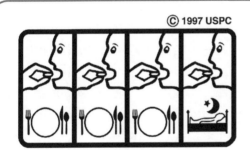

図 2-101　USP Pictograms

視線入力でコンピュータを使う車椅子に乗った子どものイラスト
図 2-102　イラストの例

2 VOCA を活用した会話の支援

　絵記号やイラスト・写真は，理解と表出を合わせて利用されることが多い。シンボルや写真を指定して録音音声や人工音声のメッセージを伝える，あるいは複数のシンボルを指定して文を作成し伝えるコミュニケーション支援機器が利用されてきた。

　特別支援学校学習指導要領解説自立活動編（文部科学省，2018）では「(4) コミュニケーション手段の選択と活用に関すること」について，「話し言葉や各種の文字・記号，機器等のコミュニケーション手段を適切に選択・活用し，他者とのコミュニケーションが円滑にできるようにすること」と述べられ，具体的な指導内容例として「音声言語の表出は困難であるが，文字言語の理解ができる児童生徒の場合，筆談で相手に自分の意思を伝えたり，文字板，ボタンを押すと音声が出る機器，コンピュータ等を使って，自分の意思を表出したりすることができる」と書かれている。この「ボタンを押すと音声が出る機器，コンピュータ等を使って，自分の意思を表出」とは VOCA（voice output communication aid）と呼ばれる携帯用のコミュニケーション機器（デバイス）である。日本においても多くの VOCA が市販され，またタブレットのコミュニケーション支援ソフトが普及してきている。固定型のコミュニケーション機器は意思伝達装置と呼ばれるが，ノート PC やタブレットが高性能化した現代ではその境界があいまいになってきている。

　VOCA は単体のもの（専用機）と，PC をベースとしたものがある。単体のものも，「1 スイッチで 1 メッセージのみ再生する VOCA」（図 2-103 ①），「1 スイッチで複数メッセージのみ再生する VOCA」（図 2-103 ②），「複数のスイッチを用い，メッセージを選択して再生する VOCA」「カードを差し換えて選択するメッセージを切りかえられる VOCA」（図 2-103 ③），「50 音キーボードでメッセージを構成する VOCA」（図 2-103 ④）などがあり，ニーズに応じて使い分けられる。選択方式は，直接ボタンやシンボルを選択する方式，候補を示してボタンで決定する方式，符号化入力を用いる方式，キーボードで文字入力を行う方式などさまざまである。指定方法は利用者のニーズに応じた外部スイッチやタッチスクリーンが利用される。VOCA の具体的な使用方法については本章第 4 節第 2 項「ICT を活用した支援」を参照されたい。

（1）50 音キーボードでメッセージを構成する VOCA

1）ファイン・チャット（旧：レッツ・チャット）

　ファイン・チャットは会話支援を主とした意思伝達装置で，視認性・堅牢性に優れている（図 2-103 ④）。文字盤を直接指で押して指定することはできないが，身体状況に合わせたさまざまな入力スイッチが接続可能で，直感的に会

①トーキングブリックス2
（パシフィックサプライ株式会社）

②ステップバイステップウィズレベル
（パシフィックサプライ株式会社）

③スーパートーカーFT
（パシフィックサプライ株式会社）

●電源
家電感覚で「入/切」が可能です。「入」の時に入力スイッチを押せばすぐに文章を作成できます。

●環境制御機能
学習リモコンで家電製品を操作出来ます。

●外部ブザー端子
対応品のワイヤレスコールを接続します。

●外部スルー出力
パソコン，iPhoneなどを接続，最大2台まで併用できます。

●入力スイッチ
対応品の入力スイッチを接続します。

●本体側入力ボタン
利用者に代わって支援者が操作するボタンです。
●一戻ボタン
●全消ボタン
●入力1ボタン
●入力2ボタン

●大型の液晶画面
最大表示文字数は80文字，スクロールさせて最大960文字まで入力可能，文字の大きさも3段階から選択できます。

●作成した文章の取込み
作成した文章をQRコードで表示。スマートフォンなどに取込むことができます。

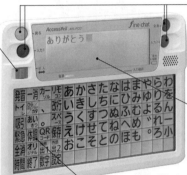

④ファイン・チャット
（アクセスエール株式会社）

図 2-103　VOCA専用機の例

話をすることができる。さらに学習リモコン機能でテレビ・エアコン・照明などの家電の操作や，外部出力（入力スイッチの**スルー出力**）を使ってPC・タブレットなどを併用することもできる。例えば，簡単な会話はファイン・チャットで，インターネットを使った検索やSNSの利用，複雑な文章作成は接続PCで利用といったことが，使い慣れたひとつのスイッチで操作できる。取り扱いが単純で，動作が安定していることから支援者の負担も少ない。

2）マイトビー

マイトビー I-16 は15インチタッチパネル付きディスプレイ，スイッチ入力，視線入力装置を搭載した携帯型コミュニケーション機器である（図2-104）。ニーズに応じた入力・選択方法（視線，タッチ，スイッチ＋スキャン）を用いて会話やPC操作を行うことができる（https://creact.co.jp/item/welfare/tobii-eyetrackers/mytobii-i15-wide/i15）。

　近年，ノートPCやタブレットが発展し，VOCA機能をもったソフトをインストールして利用されることが増えた。入力方法も従来のスイッチ入力やマ

スルー出力
本体の入力端子につないだスイッチからの入力信号を，そのまま他の機器にも送ることができる機能。出力が2系統あることから，最大でファイン・チャットに加え2台の機器の併用が可能。

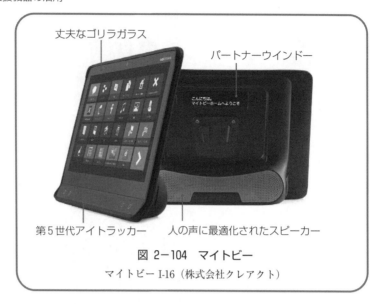

丈夫なゴリラガラス

パートナーウインドー

第５世代アイトラッカー　　人の声に最適化されたスピーカー

図 2−104　マイトビー

マイトビー I-16（株式会社クレアクト）

ウス（ジョイスティック）操作に加えて，視線入力にも対応し，ユーザーにより負担をかけない利用方法が選択できるようになった。

3）ハーティー・ラダー（HeartyLadder）

ハーティー・ラダーは吉村隆樹ら HeartyLadder Labo. スタッフにより製作・無償配布されている Windows ベースのコミュニケーションソフトである（図 2−105）。当初はテキストベースのコミュニケーションツールとして 2000 年に開発されたが，さまざまなユーザーの意見を取り入れ発展，現在は視線入力やメーラー機能，Windows の操作にも対応している。ハーティー・ラダー

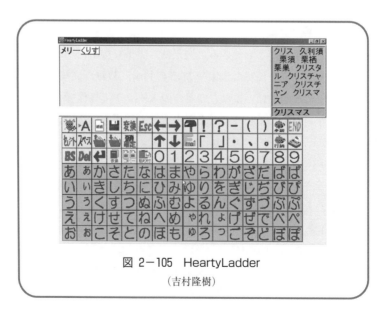

図 2−105　HeartyLadder

（吉村隆樹）

は障害のある開発者によって製作されており，ボランティアによるていねいな
ユーザーサポートが行われている（http://takaki.la.coocan.jp/hearty/）。

4）ミヤスク・アイコン（miyasuku EyeConSW）

ミヤスク・アイコンは広島のソフトハウス・ユニコーン社によって開発され
た意思伝達装置である（図2-106）。PC などとセット販売されている。スイッ
チスキャン入力と視線入力に対応しており，ニーズに応じて2種類の視線入力
装置の選択，カスタマイズできる**ソフトウェアキーボード**をもち，高い視線マ
ウス操作性を特徴としている（https://www.e-unicorn.co.jp/eyeconsw）。

ソフトウェアキーボード
ソフトによってコン
ピュータの画面上に表
示される文字入力のた
めのキーボード。

5）トーキングエイド（TALKING AID™）

トーキングエイド for iPad は日本最初のキーボード型携帯用会話補助装置
「トーキングエイド」（ナムコ，1985）の機能を iOS 上で実現したもので，テキ
スト入力版，シンボル入力版などが販売されている（図2-107）。2018年には
iPad と専用ケースをセットした「トーキングエイド ＋」が携帯用会話補助装
置としてリリースされている（https://www.talkingaid.net/）。

（2）ドロップトーク（DropTalk）

ドロップトーク（iOS版，Android版，Windows版）はタッチパネル操作によ
りシンボルを指定することで，話しことばでのコミュニケーションを代替する
ソフトである（図2-108）。使用者のニーズに応じて，1または複数画面（キャ
ンバス）のシンボルの表示数，文字の併用，音声フィードバック，文章作成，
スケジュール提示などに対応しており，詳細なログ（使用記録）をもとに，使
用者のコミュニケーションの上達や，使用シンボルの妥当性を検討できる。
ネットワーク接続により複数の端末間でのキャンバス共有が可能で，多様な利
用に対応している（http://droptalk.hmdt.jp/）。

（3）分身ロボット OriHime

分身ロボット OriHime（オリヒメ）は遠隔操作で動くアバター（ユーザーの
分身となるキャラクター：行きたいところに行けない人のもうひとつの身体）である。
オリィ研究所で開発・リースされている。持ち運びが容易な小型サイズで，カ
メラとマイクを持っており，重度障害があって外出や参加が困難な人が，遠隔
操作での参加を支援するアシスティブ・テクノロジー・デバイスである。操作
にはその人の残存する機能を最適化して利用できる。カメラの付いた頭を遠隔
操作し周囲を見て，マイクを通した音声や人工音声でコミュニケーションを行
う。OriHime の頭や羽のような造りの手を動かして感情表現もできる。

ALS などでベッドからの移動が困難な人にとって，孤独であることは大き
な障壁となっているが，遠隔参加できる OriHime は「孤独を改善する」コミュ
ニケーションツールとして評価されている。

ALS
amyotrophic lateral
sclerosis
筋萎縮性側索硬化症は
運動ニューロンの疾患
により重篤な筋肉の萎
縮と筋力低下をきた
す。有病率は10万人
あたり7～11人で，
主に壮年期以降に発症
する。

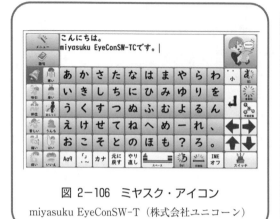

図 2−106　ミヤスク・アイコン

miyasuku EyeConSW-T（株式会社ユニコーン）

図 2−107　トーキングエイド for iPad

（株式会社ユープラス）

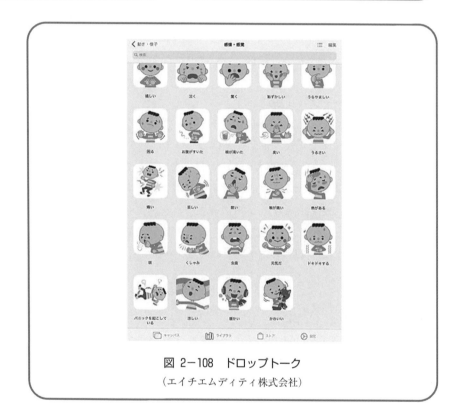

図 2−108　ドロップトーク

（エイチエムディティ株式会社）

　　2018 年 11 月に東京で実施された分身ロボットカフェ（AVATAR CAFE）
「DAWN ver. β」は，子どもの等身大の OriHime を使用した遠隔就労の試行
であった。在宅の障害者がインターネット経由で OriHime を操作し，カフェ
の客の注文を受け，サービスを行った。
　　また，ファストフード店では，2020 年 7 月から OriHime を介してパイロッ
ト（OriHime を分身としてリモートで会話や動作を行う人）と会話しながらゆっ

〔アシストセルフレジ〕

〔ゆっくりレジ〕

スタッフから商品を Porter へ　　　　　　　Porter が商品を配膳

〔OriHime Porter〕

図 2−109　モスバーガーの取り組み

（株式会社モスフードサービス）

くり注文できる「ゆっくりレジ」，11 月からはセルフレジに設置した OriHime
でレジ操作や注文を遠隔サポートする「アシストセルフレジ」，さらに 2021 年
7 月にはコミュニケーション機能と移動・フードメニューなどの運搬機能をも
つ OriHime Poter を活用し，パイロットの遠隔操作により席で待つ客に声掛
けしながら配膳するサービスの実証実験を行った（図 2−109）。

　このように ICT 機器を活用することにより，遠隔コミュニケーション・参
加から，さらに就労の可能性が広がってきている。

（4）書きことばによるメッセージの理解と表出

　書きことばによるメッセージの理解は，聴覚障害のため音声言語が理解でき
ない人だけでなく，メッセージの言語を理解しづらい人や，早口でのメッセー
ジが理解しづらい人，雑音の多い環境下で必要なメッセージを拾いにくい人な
どさまざまなニーズのある人に有効である。

3　ICT 以外の支援

ICT 機器を使用しない「d3101　簡単な話し言葉の理解」への対応については，絵記号（シンボル）が使用されることが多い。

(1)「指さしメニュー」の普及

「指さしメニュー」は名称だけではイメージをもちにくい商品を確認したり，複数の選択肢を指定して注文したりする際に便利な手段である。指さしで確認しながら注文できるので，店側もわかりやすい。障害のある人だけではなく，品揃えを把握していない客，表示された用語の理解が十分ではない客にとっても便利なものである。

観光地など外国人客の多い地域では，複数の言語表示が加えられた指さしメニューが普及している。

ファストフード店ではカウンターでの注文の際に「指さしメニュー」が用いられることが多く，直接指さして確認できるユーザインタフェースは，音声言語や文字だけでは商品がわかりにくい知的障害者にとって大変利用しやすいものである。

2012 年 10 月，あるファストフードチェーン店で経営方針変更により指さしメニューが廃止され，カウンター上のパネル表示のみとなった。これを受けて日本自閉症協会は会社に対して配慮を求める要望書を提出した。会社からは「注文カウンターのメニューは，常時カウンター上には置いていないが，従来どおり用意はしてあるので，お客さまが必要としていれば従来どおり，カウンター上のメニューを提示するようにしている」との回答があり，個別の合理的配慮は継続されるとの説明がなされた。その後，2013 年にカウンターのメニューは復活している。一般客にとっても「指さしメニュー」は便利なツールであったのである。

(2) コミュニケーションボード

コミュニケーションボードは音声言語によるコミュニケーションが困難な人が，ボードに配置された絵記号やイラスト・写真・文字を指さして，意思疎通を行うツールである。「わたしの伝えたいこと」（図 2-110）は 2003 年に東京IEP 研究会が企画・製作したボードで，全国特別支援学校知的障害教育校長会（旧：全国知的障害養護学校長会）が公益財団法人明治安田こころの健康財団を通じて全国配布を行うことで普及が進んだ。当初は知的障害や自閉症のある人を対象に作成されたが，日本語の理解が困難な人，聴覚障害のある人の利用も増え，さまざまな場面やニーズに応じたボードが作成・利用されてきた。また，明治安田こころの健康財団では発展版として「警察版コミュニケーション

支援ボード」「救急用コミュニケーション支援ボード」を作成している（https://www.my-kokoro.jp/communication-board/）。

1）各地で製作されたコミュニケーションボード

　近年，コミュニケーションボードは交通機関や商業施設，公共施設など多くの人が利用する場所で活用されている。各施設にはコミュニケーションボードとともにその利用マニュアルが配布され，対応する人の啓発に役立っている。

　岩手銀行のコミュニケーション支援ボード「どうしましたか？」は前述の「わたしの伝えたいこと」をもとに商店や銀行などの利用場面での使用を加えたもので日本語・英語・韓国語・中国語の説明を併用している（https://www.iwatebank.co.jp/assets/pdf/c-board.pdf）。

　社会福祉法人横浜市社会福祉協議会障害者支援センターでは「お店用」「救急隊用」「災害用」のコミュニケーションボード・カードと啓発用パンフレットを作成配布するとともに，オリジナルコミュニケーションボードを作成するツールも公開している（http://www.yokohamashakyo.jp/siencenter/safetynet/cboard.html）。

　佐賀県嬉野市では障害の有無にかかわらず，すべての人が社会生活や観光を楽しむことができる「ひとにやさしいまちづくり」の一環として，「指さす会話板（告知サイン，旅行・観光・生活編，救急・病院編，市役所編）」を作成，市役所，旅館，料飲店，小売業，病院，バス・タクシーなどに配布している（https://www.city.ureshino.lg.jp/kurashi/machizukuri/_24726/_19903.html）。

　このように，全国の自治体レベルでコミュニケーションボードの普及と啓発が進められている。また，利用者の意見を取り入れ，さまざまな改良が加えら

図 2−110　コミュニケーションボード　わたしの伝えたいこと
（公益財団法人明治安田こころの健康財団）

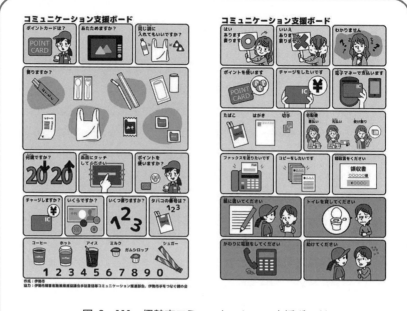

図 2-111　伊勢市コミュニケーション支援ボード

れている。例えば、2018年10月に三重県伊勢市で作成されたコミュニケーション支援ボード（図2-111）は、ポイントカードの有無や利用、箸やスプーンの要不要といったコンビニでの店員との具体的なやりとりを想定した構成が加えられている（https://www.city.ise.mie.jp/kenkou_fukushi/syougai/1002630.html）。

2）コミュニケーションカードとコミュニケーションブック

コミュニケーションボードは、1枚もしくは複数枚のボードに、用途に応じて複数のシンボルや写真を配置・構成したものであるが、同時に提示される情報量が多いという問題も含んでいる。

利用者が幼い、もしくは知的障害が重い場合などは、本人の弁別の能力に応じた選択肢の量や、カード内容を精査し、提示する必要がある。提示方法についてもほかに注意が向かないようにカードの内容や背景、提示環境を整える必要がある。

選択できるカードが増えてきた場合、それらをブック形式に整理しページごとに選択肢を構造化し、わかりやすく選びやすいツールにしていく必要がある。

選択方法は指さしとは限らない。重い肢体不自由を併せ有する場合、選択肢を順々に示し合図で決定するスキャン選択方式を用いてもよいし、視線で選択してもよい。この選択方法が電子デバイスの利用につながっていくことが期待できる。

4　系統付けられた自閉症者のコミュニケーション支援

　AAC では手段にこだわらず，その人に残された能力とテクノロジーの力で，自分の意思を相手に伝えることを目ざす。コミュニケーションは単純な「Yes / No」の伝達から，複雑な要件の伝達までその範囲は大きい。

　PECS®（picture exchange communication system®）は 1985 年にアンディ・ボンディ（Bondy, A.）とロリ・フロスト（Frost, L.）によって米国で考案された自閉症のコミュニケーション学習プログラムで「絵カード交換式コミュニケーションシステム」と訳される。

　PECS® は六つのフェイズ（段階）から構成される機能的コミュニケーションの学習方法の体系である。以下のように段階を踏んで，要求することから質問へ応答するまで学習を発展させ，複雑なコミュニケーションができるようになっていく。

　フェイズⅠ：コミュニケーションの仕方　　要求のために絵カードを交換することを学ぶ。

　フェイズⅡ：距離と持続性　　Ⅰで学んだスキルをさまざまな人と場所を移動しながら一般化させることを学ぶ。

　フェイズⅢ：絵カードの弁別　　要求のために複数枚の中から正しい絵カードを選ぶことを学ぶ。

　フェイズⅣ：文構成　　文カードを使って簡単な文の構成を学ぶ。

　フェイズⅤ：応答による要求　　質問に PECS を使って答えることを学ぶ。

　フェイズⅥ：コメント　　質問に答えることでコメントすることを学ぶ。

　応用行動分析の理論をベースとし，特定の**プロンプト**や**強化**方法が用いられる。

　社会場面においてはコミュニケーションブックやタブレット（PECS® Ⅳ+）を使い，音声言語の理解や表出に障害のある人も，複雑な構文を使用したコミュニケーションが可能となる。自立活動の指導として導入している特別支援学校もあり，その効果が報告されている。

5　透明文字盤と口文字

　コミュニケーションボードの使用は指さしだけとは限らない。ALS などで身体をほとんど動かすことができない人は，透明文字盤や絵記号盤を視線でさし示してコミュニケーションを行ってきた。読み取る人は透明文字盤・絵記号盤を持ち，読み取られる人の目を見ながら視線が合うように動かし，まばたきなどで決定を確認する（図2-112）。**ステップスキャン方式**よりも素早いコミュニケーションが可能である。この透明文字盤の入力方式は意思伝達装置

応用行動分析
「行動」を科学的に研究する行動分析学を，臨床場面や社会一般のさまざまな問題行動の解決に応用する学問。

プロンプト
「人の行動を促すきっかけとなる刺激」と定義される。意図した行動が出やすいように，言語プロンプト（教示，説明，ヒントなど），身振りプロンプト（指さしやジェスチャー），モデルプロンプトなどさまざまな方法が用いられる。

強　化
reinforcement
応用行動分析の条件付けの学習の際に，刺激と反応を結び付ける手段，またはそれによって結び付きが強まる働きのこと。報酬，罰などの強化（reinforcer）のこともさす。

ステップスキャン方式
スイッチを用いた文字やコミュニケーションシンボル，機器操作の選択方式で手動走査方式，逐次走査方式ともいう。スイッチを2個用いる方法とスイッチ1個で行う方法がある。

119

図 2−112　透明文字盤の使用例

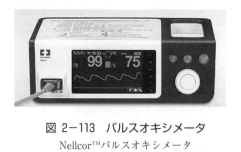

図 2−113　パルスオキシメータ

Nellcor™パルスオキシメータ
（コヴィディエンジャパン株式会社）

OriHime eye+Switch でも活用されている（https://orihime.orylab.com/eye/）。

口文字は伝える人（読み取られる人）が50音表の段（母音のあ・い・う・え・お）を口形で示し，読み取る人は決定した段に従って行の文字を順に唱え，伝える人がまばたきなどで指定する，口頭スキャン入力方式である。例えば，口形の「う」が示された場合，読み取る人は「う・く・す・つ・ぬ……」と読み上げていき，まばたきなどのサインで文字を確認する。読み取り側の高度なスキルが必要ではあるが，道具は必要なく，素早い伝達が可能である。

6　そのほかの特定の，および詳細不明のコミュニケーションの理解

障害が重く反応がきわめて少ない人に対して，保護者や介護者，教員は，身体のきわめて小さな動きもかかわりの手がかりとしてきた。川住は特別支援学校教員の実践報告から障害のきわめて重い子どもとのかかわり合いの糸口（指導の糸口）として「①眼球，口，首，手指，足等の身体の部位の何らかの動きや緊張，あるいは，動作の静止，②開瞼，③身体の筋緊張の低減，④表情の変化（笑顔や不快な表情，注意している表情），⑤注視・追視，アイ・コンタクト，⑥呼吸運動の変化，⑦対象物を手で把握したり操作したりするような動き，⑧働きかけを拒否するような身体の緊張や入眠等」を報告している[3]。

人工呼吸器や酸素吸入器を利用している人については，経度的動脈血酸素飽和度（SpO_2）と心拍数を計測する**パルスオキシメータ**（図2−113）が常時装着されていることが多い。特別支援学校の教員はこの心拍数の変化も参照して指導を行ってきた。例えば「○○ちゃん」の呼びかけで心拍数が少し下がる（期待反応）や，学習活動に乗って心拍数が少し上がる，あまり興味がなく心拍数が下がりそのまま入眠してしまう，などである。ただし，これらの微細な動きについては，意図した反応なのか，生理的な反応にすぎないのか，慎重に対応していく必要がある。

巖淵ら（2013）はPCやゲーム機のカメラ機能を利用した重度重複障害児向け観察支援ツール「OAK」を開発した。モーションヒストリー機能により微

パルスオキシメータ
経度的動脈血酸素飽和度（SpO_2）と脈拍数を採血することなく，指先などに光をあてることによって測定する装置。安静時での定型発達者のSpO_2値は96〜99%の範囲内で，90%未満の場合呼吸不全が疑われ，たんの吸引などの目安となる。

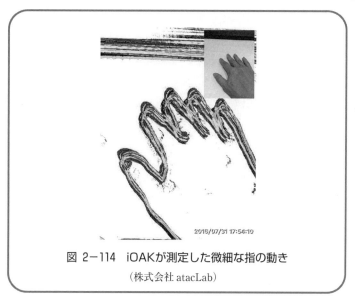

図 2-114　iOAK が測定した微細な指の動き

（株式会社 atacLab）

細な反応を抽出し，かかわり手である教員の動きに応じて，子どもが反応して
いることを明らかにした（図 2-114）。「OAK」は「指導の糸口」を可視化す
るツールとして有効であると考えられる。現在 iOS に対応した iOAK がリリー
スされていて，手軽に微細な動きを分析できるようになっている。

7　かかわり手の課題

　障害の重い子どもとのコミュニケーションに対するかかわり手の判断は，一
方で「思い込みではないのか」という妥当性の問題も有している。

　重い脳障害のある少年が**ドーマン法**による訓練と**ファシリテイティド・コ
ミュニケーション**（facilitated communication：FC）により執筆した書籍とその
作成過程を紹介した NHK スペシャル「奇跡の詩人」の事案（2002）は，障害
の重い人とのコミュニケーションについて大きな論議を呼んだ。日本小児神経
学会はドーマン法や FC は科学的根拠が証明されておらず倫理的にも問題があ
るとした米国小児科学会の声明（1993）などを根拠に公開質問状を提出，菅義
偉議員（当時）は番組制作のあり方について国会参考人質問を行い，これらの
問題が社会的に認識されることとなった。

　その後，NHK は ETV スペシャル「あなたと話したい〜障害者と向き合う
医療・教育最前線〜」（2003）を制作，「根拠に基づいた実践（evidence based
practice：EBP）」が認識されることとなった。障害の重い人とのコミュニケー
ションにおいて，直感や思い込みではなく，さまざまな客観データを基に総合
的に評価を行うことが必要であることが示された。

　現在，専門性が高い特別支援学校現場ではドーマン法や FC の問題や EBP

ドーマン法
米国のドーマン
（Doman, G.）が障害
児者のために考案した
家庭での機能回復法。

**ファシリテイティド・
コミュニケーション**
介助されて行うコミュ
ニケーションのこと。

は周知されているが，小学校の特別支援学級などにおいて保護者から紹介されたというケースもあり，今後も EBP の徹底が課題となっている。

　近年のコミュニケーション支援デバイスには，使用の記録（ログ）を行う機能を有したものが増えている。利用者のプライバシーに配慮しつつ，ログデータを確認することで，利用の効果を検証することが必要である。

演習課題

1. 「障害者の権利に関する条約」に述べられている「意思疎通（コミュニケーション）」と「言語」の定義と具体例について説明してみよう。
2. AAC（拡大・代替コミュニケーション：Augmentative and Alternative Communication）の定義について説明してみよう。
3. 「話しことばの理解と表出」を支援する ICT 機器について一例をあげて説明してみよう。
4. 図記号・絵記号（シンボル）について一例をあげその特徴と用例を説明してみよう。
5. VOCA（Voice Output Communication Aid）についてその種類と活用方法について説明してみよう。
6. コミュニケーションボードについて一例をあげその特徴と用例を説明してみよう。

引用文献

1) 中邑賢龍：AAC 入門．こころリソースブック出版会，1998
2) 中邑賢龍・巌淵守：パソコン・アクセシビリティ入門，e-AT 利用促進協会，2005.
3) 川住隆一：超重症児の生命活動の充実と教育的対応．障害児問題研究，**31**（1），11-20, 2003.

参考文献

・広川律子：The Sounds and Symbols によるコミュニケーションの方法と実践．リハビリテーション研究，**56**，7-14，1988.
・青木高光：コミュニケーションシンボルライブラリ「ドロップス」と高機能 VOCA「ドロップトーク」の開発と活用，コミュニケーション障害学，**28**（3），202-206，全国知的障害養護学校長会，コミュニケーション支援とバリアフリー，ジアース教育新社．2011.
・ピラミッド教育コンサルタントオブジャパン：絵カード交換式コミュニケーションシステム（PECS）．https://pecs-japan.com/ （最終閲覧：2021 年 9 月 30 日）
・野崎義和・川住隆一：最重度脳機能障害を有する超重症児の実態理解と働きかけの変遷－心拍数指標を手がかりとして－．特殊教育学研究，**50**（2），105-114，2012.
・巌淵守：重度重複障害のある人の残存能力を引き出すビジョンテクノロジー，映像情報メディア学会誌，**69**（7），539-542，2015.
・日本小児神経学会からの NHK への公開質問状．日本小児神経学会誌「脳と発達」，**35**（3），281-282.
・衆議院会議録情報：第 155 回国会　決算行政監視委員会　第 2 号．http://kokkai.ndl.go.jp/SENTAKU/syugiin/155/0058/15511140058002a.html （最終閲覧：2021 年 9 月 30 日）

❻　認知理解の困難さ

　認知理解の困難さについて，ICF-CY では「活動と参加」の「第 1 章　学習と知識の応用」「第 2 章　一般的な課題と要求」に記述されている。表 2−14，表 2−15 のように単純な理解から高度な理解，問題解決まで多様な内容が含まれる。

　「基礎的学習（d130−d159）」「知識の応用（d160−d199）」については，本章

表 2−14　学習と知識の応用に関する ICF-CY の分類

活動と参加　activities and participation		
第 1 章　学習と知識の応用　learning and applying knowledge		
目的をもった感覚的経験　purposeful sensory experiences（d110−d129）		
d110	注意して視ること	watching
d115	注意して聞くこと	listening
d120	その他の目的のある感覚	other purposeful sensing
d129	その他の特定の，および詳細不明の，目的をもった感覚経験	purposeful sensory experiences, other specified and unspecified
基礎的学習　basic learning（d130−d159）		
d130	模倣	copying
d135	反復	rehearsing
d140	読むことの学習	learning to read
d145	書くことの学習	learning to write
d150	計算の学習	learning to calculate
d155	技能の習得	acquiring skills
d159	その他特定の，および詳細不明の，基礎的学習	basic learning, other specified and unspecified
知識の応用　applying knowledge（d160−d199）		
d160	注意を集中すること	focusing attention
d163	思考	thinking
d166	読むこと	reading
d170	書くこと	writing
d172	計算	calculating
d175	問題解決	solving problems
d177	意思決定	making decisions
d179	その他の特定の，および詳細不明の，知識の応用	applying knowledge, other specified and unspecified
d198	その他の特定の，学習と知識の応用	learning and applying knowledge, other specified
d199	詳細不明の，学習と知識の応用	learning and applying knowledge, unspecified

出典）厚生労働省大臣官房統計情報部：ICF-CY　国際生活機能分類−小児・青少年に特有の心身機能・構造，活動等を包含−．厚生労働統計協会，2010.

表 2−15　一般的な課題と要求に関する ICF-CY の分類

活動と参加　activities and participation		
第２章　一般的な課題と要求　general tasks and demands		
一般的な課題と要求　general tasks and demands（d210−d299）		
d210	単一課題の遂行	undertaking a single task
d220	複数課題の遂行	undertaking multiple tasks
d230	日課の遂行	carrying out daily routine
d240	ストレスとその他の心理的要求への対処	handling stress and other psychological demands
d298	その他の特定の，一般的な課題と要求	general tasks and demands, other specified
d299	詳細不明の，一般的な課題と要求	general tasks and demands, unspecified

出典）厚生労働省大臣官房統計情報部：ICF-CY　国際生活機能分類−小児・青少年に特有の心身機能・構造，活動等を包含−．厚生労働統計協会，2010.

第１節「読み書きの困難さ」において述べられているので，本項では「目的をもった感覚的経験（d110−d129）」のみ取り扱う。また，「一般的な課題と要求」については，認知・理解とかかわる項，とりわけ場面やスケジュールなどの理解について取り扱う。

1　ICT を活用した支援

（1）場の理解

　具体物や写真，シンボル，文字を使用して，その場の理解を支援することが行われる。

　知的障害特別支援学校においてデジタルカメラは，場の理解を促す効果的な手段として普及した。知的障害や自閉症のある子どもにとって，具体的な写真は理解の手がかりとして有効なものであった。その後の，動画撮影機能やタブレットの発展により写真や動画による提示はさらに普及していった。

　一方，写真や動画は目的以外のものも写っていることもあり，支援を受ける人が目的のもの以外に注目してしまう問題も指摘された。また，写真や動画は具体的すぎて，抽象的な概念を示しにくいという問題も指摘された。例えば，「コンビニ○○」の入り口写真や動画を示して「コンビニエンスストア」を示しても，「○○コンビニ○○店」とより限定的に理解されてしまうことがあった。そこで，構図や背景を工夫したり，シンボルや文字を併用するなどの改善がもたれるようになっている。

（2）日課の遂行−時間認識の支援

　日課の遂行において，ICT 機器によるスケジュールの提示や時間経過の提示が利用される。時間認識の支援において，「残り時間の提示」の提示ツールとしては Time Timer（https://www.timetimer.com/）（図 2−115）が最も普及

している。Time Timer はもともと会議時間を短縮し，効率化を図るためのツールとして開発されたものであるが，WATI（wisconsin assistive technology initiative）の自閉症教材パッケージに採用されて以来，障害のある人の時間認知支援の効果的なツールとして支持されてきた。扇状のゲージが減っていき，設定時刻までの経過を示すシンプルな構造は，知的障害のある自閉症児にもわかりやすいツールであった。現在ではさまざまな大きさや形態の商品や，スマホや PC 用のアプリも提供されている。日本でも国立特別支援教育総合研究所の自閉症教育研究で紹介され，2003 年ごろから普及し，学校現場でもよく知られた時間認識支援ツールとして利用されている。

（3）スケジュールの理解

　絵記号やイラスト・写真・文字を時系列に並べることで，スケジュールの理解の支援が行われる。スマホなどのアプリにおいて，それぞれのスケジュール項目ごとに「次に何をして，その次に何をするか」「あとどれだけでその時刻か」「あとどのくらいで終わりか」などがを示し，計画どおりの日課の遂行の支援が行われている。

　例えば，たすくスケジュール（図2-116）はシンボルと音声を使って，1 日のスケジュールを設定・提示できるソフトで，個別のスマホやタブレットで利用される。時系列にこれから行うこと（to DO）を示すとともに，あとどれくらいか（時間の経過）を示すタイマー機能をもつ。前述の DropTalk も同様の機能をもっており，コミュニケーションツールと併用されることも多い。また，作成したスケジュールをプリントアウトすることで，電子デバイスなしでの利用も可能である（https://apps.tasuc.com/schedule/）。

図 2-115　Time Timer
（TIME TIMER 社）

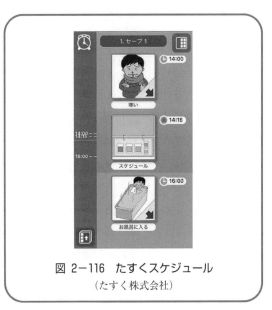

図 2-116　たすくスケジュール
（たすく 株式会社）

（4）儀式的行事などでの利用

　特別支援学校現場においては儀式的行事の際，全体スケジュールや校長先生の話の理解を支援するツールとして絵記号や写真・イラストがスクリーンに提示される。これは，音声言語での理解が困難な子どもに対して，話の概要の理解を促すとともに，行事全体の進行（今は式次第のどのときか，次は何があるのか，あとどれくらいで終わるのかなど）の理解を支援するものである。佐原は，知的障害特別支援学校において「行事における視覚支援」が年々「あたりまえのもの」として定着してきたが，教材を作る教員が固定化する傾向にあり，多くの教員が制作できるようになることが必要と述べている[1]。

（5）調理などの手順の理解

　知的障害のある人が調理を行ううえで，個に応じたレシピは効果的な支援ツールとなり得る。知的障害特別支援学校の家庭科などにおいて，認知に応じたレシピの作成や，調理演習が積み重ねられてきた。学年が上がるごとに，調理の本を検索・参照して自らがレシピを意識して調理が行える実践的な力をつけることも行われている。近年は自らがインターネットなどを活用して，レシピを検索し，材料や調理器具を用意し，調理をする力を育む指導も行われている。

　cookpad（https://cookpad.com/）などのレシピサイトは，食材名から料理を検索したり，複数のレシピを比較するのに活用できる。便利で有益な Web サービスであるが，自分が必要な情報をどのように検索するか，複数候補のレシピから選択するといった情報活用能力の育成が必要となってくる。

（6）移動支援におけるバスナビ・歩行ナビなどの利用

　知的障害のある人たちが地域で生活するために必要なスキルとして，地図を見て目的地に到達できる「移動スキル」が考えられる。移動スキルの獲得によって，生活空間は拡大し，雇用，教育，自立生活のための機会をさらに得ることができる。

PCS
p.105 参照。

　坂井[2]は電車による通学について課題分析を行い，PCS を利用したカードなどにより，一人でできるようになることを支援した。課題分析により細分化された目標設定を行い支援を講じることで，電車での移動スキルの獲得に至っている。また，支援を徐々に減らし，一人でできるようになっていく過程で，認知を助けるツールが用いられる。

　電車での移動は駅での乗降がはっきりしているが，路線バスの場合，目的のバス停前で停車ボタンを押して運転手に降車を伝えなければ，バス停を通過してしまうという問題がある。そのため自分が降りる予定のバス停の少し前に知らせてくれるツールは有効である。バスの場合，交通事情により時間どおりの

運行が困難なので GPS による位置情報をもとに目的地点への接近を知らせる GPS アラームが用いられる。GPS アラームは交通機関での居眠りなどによる乗り越し予防の効果もあり，スマホのアプリとして一般にも普及しているが，知的障害のある人にとって降車と停車ボタンを押すタイミングを知るツールとしても利用できるのである。

　スマホ普及以前からも GPS 位置情報は知的障害者の歩行支援に利用されてきた。大杉・石部[3] は知的障害特別支援学校などの校外学習の際に，PlayStation Portable の歩行ナビソフト「MAPLUS ポータブルナビ」を用い，生徒の自主的な移動支援ができたと報告している。Kelley ら[4] は歩行者ナビゲーションソフト「ビデオ iPod」を制作し，地図上の「→」表示の援助による移動の獲得の効果を検証している。

　現在のスマホはもれなく GPS 機能を有しており，地図上に現在地と進行方向を示すことで，だれでも移動支援を受けることができる。交通機関の利用情報も提示することができ，集合時間に合わせた乗車計画の策定が容易になっている。一方で，一般向けのスマホアプリは多種・高機能になり，知的障害のある人の利用について支援者側のスキル向上が必要となっている。

（7）ストレスとそのほかの心理的要求への対処

　スケジュールの見通しがもてても，その活動に参加することが辛かったり，長時間の参加が困難であることも考えられる。上記の儀式的行事などでは個別にスケジュールを示し，「あとどれくらいか」の見通しをもって参加を促す支援が行われているが，我慢しきれない場合もありうる。行事などの場合はスケジュール全体を示し，「どの部分に参加するか」「どの部分は席を外してもよいとするか」をやりとりすることで，辛さを軽減することも行われている。また，辛い気持ちをうまく伝えられない人には，「エスケープカード」を示して「我慢できないので席を外させてください」の意思を伝える方法が使えるように支援が行われている。

　交通機関での移動など，そこから抜けることができない場合は，気を紛らわすことができるツールも使用される。そのツールは，絵本やカードであったり音楽プレーヤーであったり，スマホなどの動画再生であったりとさまざまであるが，それらをうまく使うことで辛い気持ちを紛らわせるスキルをつけていく目的は共通している。

　ノンテクからハイテクまでのさまざまなデバイス（道具・機器）をうまく活用し，自己コントロールできることが目標となる。

GPS
global positioning system
GPS は人工衛星を用いた位置測位システムである。GPS 衛星は，約 2 万 km 上空に，4 基以上測定できるよう配備されている。この四つの衛星からの電波を受信して位置情報を特定する。その精度は誤差数メートルといわれている。

ノンテクからハイテクまで
p.10 参照。

2 ICT 以外の支援

（1）授業のユニバーサルデザインの考え方の普及

　近年，学校教育において障害のある子どもも含む学級全体の学習活動の支援を考える「授業のユニバーサルデザイン」という考え方が普及してきた（図2−117）。これは，発達障害のある子どもがわかりやすい学習活動は，ほかの子どもにとってもわかりやすく学びやすいものであると考え，学習環境や支援方法を整理してすべての子どもに実施するものである。

　例えば，活動や参加を支援するにあたって，「整理整頓されていないと落ち着かない，わかりにくい」問題に対して，「場の構造化」を行い，学習する環境を明確にする。「ちょっとした刺激が気になって集中できない」問題に対して，「刺激量の調整」を行う。この考え方の普及によって，教室の全面の掲示物は最小限に整理され，また掲示板も必要のないときはカーテンなどで隠すなどの工夫がなされるようになった。「ルールがあいまいだと行動がしにくい」問題に対しては「ルールの明確化」が行われる。「子ども同士の理解が不十分だとトラブルになる」ことに対しては「クラス内の理解促進」が進められるようにする。試合の勝ち負けにこだわって心を乱してしまう子どもがいる場合，あらかじめ勝ったとき，負けたときの感情の表し方を練習してから試合を行い，練習どおりの感情の表出ができたらそのことを評価する。理解の支援については視覚化や展開の構造化を図り，そのときの学習や課題が確認しやすいようにする。これらを徹底することで授業のユニバーサルデザイン化を進めるというものである。

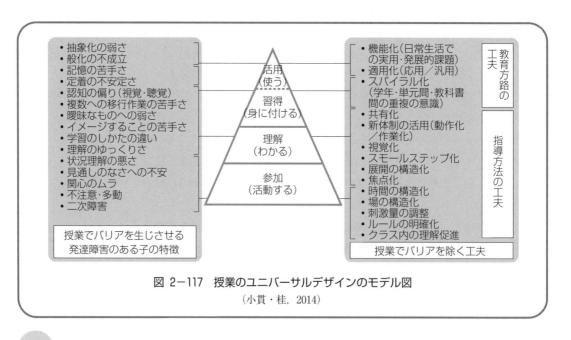

図 2−117　授業のユニバーサルデザインのモデル図

（小貫・桂，2014）

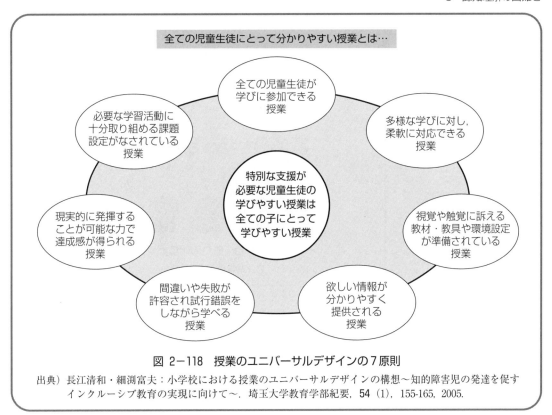

図 2-118　授業のユニバーサルデザインの7原則

出典）長江清和・細渕富夫：小学校における授業のユニバーサルデザインの構想〜知的障害児の発達を促す
インクルーシブ教育の実現に向けて〜．埼玉大学教育学部紀要，**54**（1），155-165，2005．

　授業のユニバーサルデザインの考え方は，学力向上の取り組みとしても評価され，都道府県教育委員会レベルでも普及が進められている。例えば，埼玉県教育センターの「ユニバーサルデザインの視点を取り入れた授業づくり12のポイント」では，「特別な支援が必要な子どもの学びやすい授業はすべての子にとって学びやすい授業」を中心にした「授業のユニバーサルデザインの7原則」をあげ，その具体例を紹介している（図2-118）。

（2）道徳教育などにおける感情のゲージ

　発達障害のある子ども，とりわけ ADHD（注意欠如・多動症）のある子どもにとって，感情のコントロールは生活していくうえで大切なスキルである。

　感情のコントロール，とりわけ怒りの感情のコントロール（アンガーマネジメント）の指導は各自治体の教育委員会・学校レベルで取り組まれている。

　例えば図2-119は佐賀県教育センター（2015）の「ピア・メディエーション（仲間による調停・仲裁)」の実践研究の資料の一部である。「怒りの温度計」を手がかりに自分とほかの人の怒りの感情のレベルの違いに気付き，問題の解決を考えていく指導を提案している。ここで用いられる「怒りの温度計」は「心のものさし」のひとつで，感情を可視化する支援ツールであるといえる。

ADHD
ADHD は，年齢あるいは発達に不相応に，不注意，落ちつきのなさ，衝動性などの問題が，生活や学業に悪影響を及ぼしており，その状態が6か月以上持続していることと定義される。

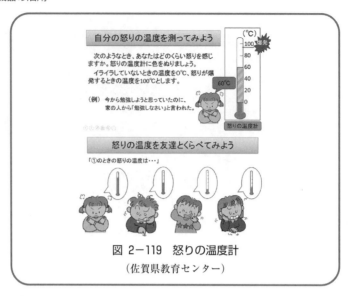

図 2−119　怒りの温度計

（佐賀県教育センター）

（3）声のものさし

　「声のものさし」は声の大きさを視覚的に示すことで，場に応じた大きさで話すことを支援するツールである。以前から利用されてきたが，授業のユニバーサルデザインの普及とともに学校で共通化を図って利用されるようになった。声の大きさを数値とイラストで示すことにより，あいまいな表現では理解しづらい子どもにもわかりやすい指示ができ，また本人も声の大きさを意識して話せるようになるのである。図 2−120 は大分県教育センターのユニバーサルデザイン化推進テキスト（2017）に紹介されたものであるが，全国でさまざまな

図 2−120　声のものさし

（大分県教育センター）

図 2−121　光る「声のものさし」（左：製品版，右：iPhone アプリ版）
VOICE RULER（ボイスルーラー）（五大エンボディ株式会社）

形態のものが利用されている。

　VOICE RULER（ボイスルーラー）は「光でわかる！声のものさし」で愛媛大学の苅田によって開発されたツールである（図2−121）。自分がどのくらいの大きさの声で話しているのかを認識し，場面に応じて適切な声量のコントロールができることを目ざす。VOICE RULER は製品版と iPhone アプリ版があり，活用されている。

(4) スケジュールの理解

　ICT を活用した支援の項でも述べたとおり，絵記号やイラスト・写真・文字を時系列に並べることで，スケジュールの理解の支援が行われる。

　スケジュールの理解支援には，年間スケジュールを示すもの，月間スケジュールを示すもの，週間スケジュールを示すもの，昨日・今日・明日のスケジュールを示すもの，1日のスケジュールを示すもの，1時間の授業の学習内容を示すもの，学習や作業課題の手順を示すものなど，さまざまな期間，段階に応じたツールが使用される。

　しかし，それらが常に同時に示される場合，情報量が多すぎることになり，かえって理解を妨げることも考えられる。また，教室に長期の予定が掲示されていると，その予定が気になって，心が乱れてしまう事例もある。予定の項目をすべて提示するのではなく，利用者のニーズに応じた項目を提示するようにする工夫も必要である。

　利用者が自分自身だけでは複数のスケジュール提示ツールをうまく使い分けられない場合は，支援者がそれらを精選して提示することも考えられる。

(5) 表情・感情の理解と表出の支援

　米国の教室では「How do you Feel Today?」（https://www.healthwisdom. org/）のような表情ポスター掲示がよくみられる。「How do you Feel Today?」

図 2-122 「いま，どんなきもち？」

(大阪府人権教育研究協議会)

はさまざまなイラストや写真が使用され，相手の表情を理解する，自分の感情を表現するソーシャルスキル学習のツールとして利用される。

いま，どんなきもち？

　日本では大阪府人権教育研究協議会が日本語ローカライズした「いま，どんなきもち？」（図2-122）を作成し，指導の手引きと併せて配布している（http://daijinkyo.in.coocan.jp/kyozai/page.htm）。

　市販のものとしては「表情ポスター（クリエーションアカデミー）」も学校現場で普及している。また，ドロップスなどを使用して自作された感情の理解ポスターも利用されている。

（6）盲ろう児の理解支援

盲ろう
p.142，表2-16参照。

　「盲ろう」とは，視覚と聴覚の両方に障害を有する状態のことである。成人の盲ろうについては本章第7節第2項「盲ろう者への支援」に詳細に述べられているので，本項では子どもの盲ろうについてのみ記述する。盲ろうは見え方，聞こえ方の組み合わせにより，「全盲ろう」「全盲難聴」「弱視ろう」「弱視難聴」の4タイプに大別される。国立特別支援教育総合研究所(2018)の調査によると，全国の特別支援学校に在籍する盲ろう幼児子どもは315人で，その内訳は全盲ろう11人，全盲難聴61人，弱視ろう17人，弱視難聴157人，測定不能・不明61人，無回答8人，である。

　盲ろう児の困難性として「1. 情報を得ることの難しさ」「2. 認識の難しさ」「3. コミュニケーションを取ることの難しさ」「4. 移動することの難しさ」があげられている。また，盲ろうの子どもとかかわる際に大切にしたいこととして，国立特別支援教育総合研究所は「1. まずは人間関係をつくり，心理的な

安定を図りましょう」「2.　実際の体験を積み上げていきましょう」「3.　子ども
の障害の状態に応じた方法で情報を提示しましょう」「4.　活動の始まりと終わ
りを明確に，なるべく活動の全過程に関わるようにしましょう」「5.　子どもに
とって『意味のある』興味関心のあることから出発しましょう」と述べている。

　盲ろう児の理解を支援するにあたって，「**ネームサイン**」や「**オブジェクト・
キュー**」「**スケジュール・ボックス**」が使用される。

　国立特別支援教育総合研究所（2018）は，特別支援学校での盲ろう児の主な
コミュニケーション方法（幼児児童生徒の発信方法）として，①泣き声や表情
（194 人），②実物（オブジェクト・キュー）を示す（53 人），③身振り（116 人），
④手話（59 人），⑤指文字（43 人），⑥点字（5 人），⑦指点字（1 人），⑧普通文
字（36 人），⑨話しことば（73 人），⑩キュード・スピーチ（3 人），⑪写真や絵
（42 人），⑫その他（50 人）を報告している。残存する視覚・聴覚を活用してい
る実態がうかがえるが，その中でも全盲ろうの子どもにはオブジェクト・キュー
が有効な手立てであると考えられる。

　盲ろう児はその理解や指導に高い専門性が必要である一方，その数は少なく，
全国に在籍する盲ろう児に対して適切な指導ができる教員を配置することが課
題となっている。横浜訓盲学院では盲ろう教育の前述のオブジェクト・キュー
など先進的教育方法を研究，全国の盲ろう児の教育を行う機関の連携・支援を
行っている。

　演習課題
1.　知的障害特別支援学校におけるデジタルカメラの活用について，一例をあげそ
　　の機能と注意点を説明してみよう。
2.　時間認識や手順理解の支援を行う ICT 機器について一例をあげて説明してみ
　　よう。
3.　授業のユニバーサルデザインの考え方について説明してみよう。
4.　盲ろう児の生活・学習支援で用いられる「ネームサイン」「オブジェクト・キュー」
　　「スケジュール・ボックス」について説明してみよう。

ネームサイン
その人を特定できる名
前の代わりとなる印や
合図。アームバンドや
エプロン，香水など盲
ろう児が触ったり匂い
だりして，その人を弁
別できるようにする。

オブジェクト・キュー
その活動などを象徴す
るもの（オブジェク
ト）。例えば，体育な
らば体操帽，音楽なら
ば小さな楽器，給食な
らばコップといったも
のが設定され，盲ろう
児はそれに触れて次の
活動や行く場所を理解
する。

**スケジュール・ボック
ス**
オブジェクト・キュー
を籠に入れたもの。時
系列に並べることで，
盲ろう児がスケジュー
ルの見通しをもつこと
ができる。

引用文献

1) 佐原恒一郎：儀式的学校行事における視覚支援の効果と課題Ⅲ．日本教育情報学会第 34 回年会論文集，pp.74-77，2018．

2) 坂井聡：自閉症をもつ生徒への電車を利用した下校指導 – 視覚的な支援を用いた実際場面での指導と環境への働きかけ – ．香川大学教育実践総合研究，11，2005．

3) 大杉成喜・石部和人：生活単元学習におけるメディアの効用．滋賀大学附属特別支援学校，2010．

4) Kelley, K. R,. Test, D. W. and Cooke, N. L.：Effects of Picture Prompts Delivered by a Video iPod on Pedestrian Navigation1. – Exceptional Children，**79**，459-474，2013．

参考文献

・小貫悟・桂聖：授業のユニバーサルデザイン入門，東洋館出版社，2014．

・埼玉県総合教育センター：学力向上 BOOKLET，ユニバーサルデザインの視点を取り入れた授業づくり 12 のポイント，2013．

・佐賀県教育センター：平成 26・27 年度佐賀県教育センタープロジェクト研究小・中・高等学校教育相談研究委員会，支え合う人間関係を築くための支援の在り方 – ピア・メディエーションに関する活動プログラムの開発，2015．
https://www.saga-ed.jp/kenkyu/kenkyu_chousa/h27/01_kyouikusoudan/index3.htm　（最終閲覧：2021 年 9 月 30 日）

・大分県教育センター：ユニバーサルデザイン化推進テキスト，2017．
https://www.pref.oita.jp/site/kyoiku/texthonpen.html　（最終閲覧：2121 年 9 月 30 日）

・大阪府人権教育研究協議会：いま，どんなきもち？，
http://daijinkyo.in.coocan.jp/kyozai/page.htm　（最終閲覧：2121 年 9 月 30 日）

・国立特別支援教育総合研究所：特別支援学校における盲ろう幼児児童生徒の実態調査結果について（速報版），2018．

・国立特別支援教育総合研究所：みなさまの身近に視覚と聴覚の両方に障害のある「盲ろう」のお子さんはいらっしゃいませんか？，2017．

・横浜訓盲学院
http://kunmou.jp/　（最終閲覧：2021 年 9 月 30 日）

7　重複障害による困難さ

　重複障害とは，障害を二つ以上併せ有する状況・状態をさす。例えば，視覚障害と聴覚障害を併せ有する「盲ろう」や，肢体不自由（運動障害）と知的障害を併せ有する「重症心身障害」が代表例としてあげられる。そのほかにも，視覚障害と肢体不自由，聴覚障害と肢体不自由，肢体不自由と病弱（医療的ケア）を有するなど，組み合わせはさまざまであり，多様な障害の状況・状態が存在する。

　1979年に養護学校の義務性が実施されるまで，重複障害児（特に重度）は就学猶予・免除の扱いを受けることが多かった。改正後は，教育を受ける機会が制度的に認められ，全員就学の実現が目ざされている。重複障害がある子どもは，肢体不自由（運動障害），視覚・聴覚障害（感覚障害），知的障害などが複雑に絡み合い，てんかんや医療的ケアなどの疾患を併せ有する。

　重複障害がある子どもは，障害が重複していない子どもに比べると，外部からの働きかけ・刺激を受け止める機能に制限があるため，反応がない（乏しい）と誤解されたり，適切なかかわりが行われず放置されてしまうこともある。

　特に，重複障害児とかかわった経験が少ない人（教員など）は，重複障害児とコミュニケーションを取ることに，大きな難しさを感じる。かかわる人の声かけ（刺激）をしっかりと知覚することができなかったり，知覚したとしても子どもの反応や発信が小さく気づかれなかったり，ときとして子どもの反応が主体的・随意的か，反射的・不随意的か判断が難しかったりすることが，原因としてあげられよう。

　しかし，障害が重度で重複しているほど，周囲に働きかける機会が限られるため，自分の身体や声の変化・変動が，環境（周囲の人やもの）に影響を及ぼしているという実感を経験することが少なくなってしまう（学習経験の機会の乏しさ）。学習経験の機会が乏しい状態が続くと，一次障害（原障害）に加えて，全般的な発達が遅延してしまう可能性もある（二次障害）。同時に，自らの言動が環境（周囲の人やもの）に影響を及ぼしているという実感が少ないと，環境に働きかけようとする動機付け（モチベーション）そのものも高まりにくく，それがさらなる学習経験の機会の乏しさを生み出す（三次障害）という悪循環につながる場合もある。こうした悪循環を生み出さないことが，重複障害児への教育および支援の大きな目的となる。

　一方で，どんなに障害が重度で重複している子どもでも，気づかれにくいかもしれないが外部に対して働きかけを行っている。特に，リラックスした環境

重複障害
学校教育と厚生行政においては，重複障害の定義が若干異なる。詳細は，学校教育法，障害者福祉三法などを参照されたい。

／状況（例：家族と，普段生活している部屋の中で，楽な姿勢で過ごしているとき）では，随意的に動かすことができる身体部位や声を使って，外部に働きかけており，その子の生活文脈をよく知る人（家族など）は，その働きかけから，その子の欲求を推測し，働きかけを返している。これを「聞き手効果段階」の働きかけという。このように，重複障害児への教育や支援において，人（家族，教員など）による働きかけが重要であるとともに必要不可欠である。同時に，働きかけを行う人が重複障害児にかかわる専門性を高めることも重要であるといえよう。

ただし，常に専門性をもった人がかかわる環境が整っているわけではないし，かかわる人が限定されてしまうと，子どもが経験する世界・環境が広がりにくいという問題もある。そのため，重複障害がある子どもとかかわる際に感じる大人側の困難を解消する方法として，障害支援機器の利用が考えられる。

例えば，重複障害のひとつである重症心身障害がある子どもでも，VOCAを使って挨拶をしたり，スイッチインタフェースを接続した電動おもちゃで遊ぶことはできる。他者から気づかれにくい（他者には伝わりにくい）重複障害児の言動を，具体的な活動として具現化する（子どもの反応を拡大・代替する）ことで，かかわる手がかりができ，専門性が高くない大人でも重複障害児とかかわろうとする姿勢が生まれ，結果として子どもたちが学習経験を積む機会を増やすことにつながる。重複障害児者の生活機能・活動を拡大・代替する障害支援機器，実践例などの詳細は後述する。

聞き手効果段階

ベイツ（Bates, E., 1975）が提唱したコミュニケーションの発達段階のひとつ。人のコミュニケーションは，聞き手効果段階→意図的伝達段階→命題伝達段階→会話段階という段階を経て発達していくと考えられている。重複障害児の教育・支援においては，特に前言語期と呼ばれる聞き手効果段階から意図的伝達段階でのコミュニケーションの促進が重要である。

VOCA

p.81，p.110 参照。

1　重度・重複障害児への支援

（1）重度・重複障害児が抱える困難さ

重度の肢体不自由と重度の知的障害とを併せ有する状態を重度・重複障害（または重症心身障害）という。重度・重複障害児者は全国に約 4 万 3,000 人いると推定されており，肢体不自由特別支援学校に在籍している子どもの多くが重度・重複障害児であるといっても過言ではない。

その状態像は，自力で座れず，有効な移動手段をもたず，思うように手足を動かすことができない。その結果，食事や更衣，排せつといった身辺処理は全介助を必要としている。また，外界からの働きかけに対する反応がわかりづらく，言語による理解・表出や道具などを操作することに困難さがみられる。したがって，日常生活全般にわたって受動的になってしまい，積極的に外界にかかわろうとする意欲がみられないと評価されがちである。

特別支援教育の目的は，可能な限りの自立と社会参加する力を身に付けさせることである。重度・重複障害児の自立と社会参加を促すためには，「障害があるから○○デキナイ」という見方・とらえ方ではなく，「障害があっても△

△という工夫をすれば○○デキル」「どうやったら○○という活動に参加デキルか」という考え方をもとに日々の教育活動にあたることが大切である。その実現にあたっては、「デキルことを生かす」という発想と、それを具現化するための支援技術の活用が重要である。

(2) シンプルテクノロジーで意欲を育てる

　子どもは、さまざまな遊びを経験しながら心身を発達させていく。乳児期には、運動発達が未熟なために大人からの働きかけそのものがさまざまな感覚器への刺激となり、それ自体が遊びとして成立する。抱っこして揺らしてもらう、ベロベロバーをしてもらう、高い高いをしてもらう、などがその代表的な例である。しだいに運動機能が発達してくると、手足や身体にものが触れた際にフィードバックされる刺激を感じるようになってくる。手を動かしたら枕元の起き上がりこぼしがコロンコロンと鳴ったり、寝返りしたら見える景色が変わったりするのが代表的な例である。このように、自分が起こした行動に随伴してフィードバックされる刺激が心地よいものであれば、子どもは同じような働きかけを繰り返して行うようになる。これが好奇心や意欲の芽生えであり、能動的な遊びの始まりであり、因果関係の理解に結びつくものと考えられる。

　つまり、外界（人やもの、状況など）に対して自ら能動的にかかわり、その活動の中で喜びや成就感、満足感などを味わうことが子どもの意欲を育てることにつながるのである。しかし、重度・重複障害児は外界に働きかけることが困難であるため、成就感や満足感を味わうどころか、逆に失敗経験を繰り返すことが少なくない。その結果、「どうせデキナイ」というあきらめの気持ちが生じ、外界への働きかけがますます減ってくると考えられる。このような状況は学習性無力感の獲得と呼ばれ、これを防ぐ必要があると指摘されている。したがって「私にもデキルぞ」という経験を積ませ、活動への意欲を高めていくことが大切である。

　そして、その契機となるのが遊びであり、その遊びを拡大する要素のひとつがおもちゃであろう。ところが、重度・重複障害児にとって、おもちゃを自ら手にとって遊ぶことは容易ではない。もちろん周囲の人びとが、おもちゃを介して子どもたちと遊んでいる。しかし、どんなに子どもたちが楽しんでいるようであっても、そのほとんどはおもちゃを見せてもらう、動かしてもらうといった受動的な遊びになりがちである。

　近年、さまざまな動きに反応するアクセシビリティスイッチ（以下、「スイッチ」と呼ぶ）が各種開発され、入手しやすくなっている（図2-123）。さらに、乾電池で動くおもちゃや家電品にスイッチをつなぐためのアダプターやタイマー装置なども入手しやすくなっている。これらの装置を組み合わせる（「シンプルテクノロジー」と呼ばれている：図2-124，図2-125）ことによって、子

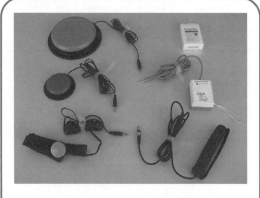

図 2−123　スイッチ各種

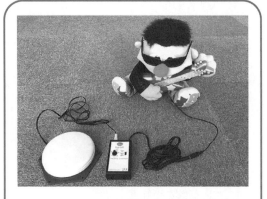

図 2−124　電動おもちゃとスイッチ

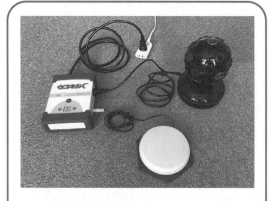

図 2−125　電源アダプターとスイッチ

どもの得意な動きで，さまざまな活動に対して能動的に取り組めるようになっ
てくる。

　電動おもちゃの中には，列車や飛行機，鳴きながら歩く動物，シャボン玉を
作るおもちゃなど，子どもたちの遊び心を満足させるものがたくさんある。そ
れらのおもちゃにシンプルテクノロジーを利用すれば，重度・重複障害児が能
動的に遊べるようになる。また，シンプルテクノロジーは，子どもが何らかの
役割を担当したり，活動に参加する手だてにもなる。電動の水鉄砲につないだ
スイッチを操作して花に水をやる（図 2−126），電動ミルにつないだスイッチ
を操作してコーヒー豆を挽く，モーターにつないだスイッチを操作して金魚に
えさをやる（図 2−127），など発想しだいでいろいろな役割を担当することが
できるのである。

　今まで「この子にはデキナイ」とあきらめていた活動がシンプルテクノロジー
を利用して可能になってきたとき，さまざまな変化がみられるようになる。子
どもたちの心の中には，喜びや成功感，達成感といった気持ちが芽生えるだけ

図 2−126　花への水やり

図 2−127　金魚のえさやり

でなく、「自分にもデキルぞ」という自信が湧いてくる。さらにもっと大きく
変化するのが、周囲の人びとがその子を見る目である。
　重度・重複障害児がスイッチを入れるだけで走れる電動自動車で校舎内を
回っていると、出会う教員はみんな「うわぁ、スゴイねぇ」と、ことばだけで
なく、頭をなでたり手を握ったり、全身でその子をほめるはずである（図2−
128）。「自分で移動することなんてデキナイだろう」と思っていた子が電動自
動車で走り回っているのだから、だれもが自然にほめてしまうのである。ほめ
た教員の心の中には驚き以上に「この子はデキル子なんだ」というその子の能
力を認める気持ちが生じるのである。また、電動マッサージャーのスイッチ係
を担当しておじいちゃんの肩たたきをしてあげる子（図2−129）や、ハンドミ
キサーのスイッチ係を担当して料理の手伝いをする子どもがいる（図2−130）。
家族の中でその子の役割ができれば「家族の一員としてかけがえのない存在で
ある」と改めて認められることになるであろう。

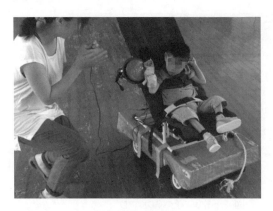

図 2−128　電動カー

図 2−129　スイッチでマッサージ

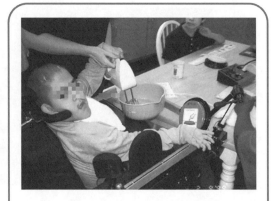

図 2−130　ハンドミキサー

　　自宅や学校で手伝いができるようになれば，必ずといってよいほど「ありが
とう」「助かったよ」などの感謝のことばをかけられることになる。障害のあ
る子どもたちは「〜してください」や「ありがとうございます」といったこと
ばを小さいときから覚えさせられることが多い。これは仕方のないことなのだ
ろうが，常に依頼ばかりの立場というのは，気がねや遠慮という気持ちを生み，
ひいては消極的な態度を育てることにつながるのではないだろうか。いつも感
謝する立場・依頼する立場が，感謝される立場・依頼される立場に逆転したと
き，その子の心の中にはきっと喜び以上に躍動が芽生えるに違いない。人は，
ほめられる・認められる・感謝される・依頼されると，だれしも「次もがんば
るぞ」といった意欲が湧いてくるものである。どんなに重度な障害があっても，
能動的におもちゃにかかわって遊んだり，毎日責任をもって役割を担えたりす
ることは，彼らの意欲を育てるうえで大変重要なことである。

2　盲ろう者への支援

（1）盲ろう者とは

1）盲ろう者の定義

視覚障害と聴覚障害を併せ有する人を**盲ろう者**という。

2）盲ろう者数

2012 年盲ろう者生活実態調査によると，全国の盲ろう者数は約 1 万 4,000 人である（図 2−131）。人口比率で 0.011％となる。年齢階級別盲ろう者数を図 2−132 に示す。棒グラフが盲ろう者数，線グラフが総務省の人口推計に基づく 2012 年時の総人口を表している。

人口は 60 代をピークにそれ以降減少しているにもかかわらず，盲ろう者数は 60 代以降も増加を続け，80 代でピークに達する。高齢盲ろう者（65 歳以上）数の全体に占める割合は，77.4％と高い値を示している。これに対して，生産年齢盲ろう者（15 〜 65 歳未満）数は 18.1％，年少盲ろう者（15 歳未満）数は 0.8％となっている。

盲ろう者
身体障害者手帳に視覚障害と聴覚障害の両方の記載がある者。

2012 年盲ろう者生活実態調査
社会福祉法人全国盲ろう者協会が 2012 年に全国の自治体，盲ろう者，支援団体に対して

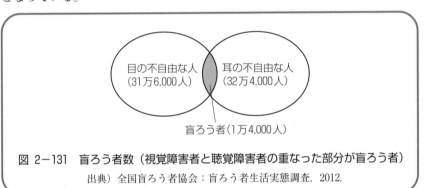

図 2−131　盲ろう者数（視覚障害者と聴覚障害者の重なった部分が盲ろう者）
出典）全国盲ろう者協会：盲ろう者生活実態調査，2012.

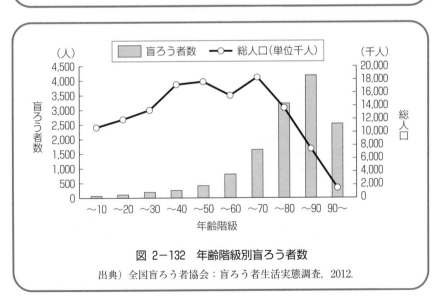

図 2−132　年齢階級別盲ろう者数
出典）全国盲ろう者協会：盲ろう者生活実態調査，2012.

3）盲ろうの原因

図2−132に示したグラフの各年齢階級の人口に対する盲ろう者の占める割合を「盲ろう者率」，さらに，前階級と比較した盲ろう者率の増加の割合を「増加率」と定義して，各々求めたグラフを図2−133に示す。棒グラフが盲ろう者率，線グラフが増加率を表している。

盲ろう者率は，年齢階級が上がるごとに増加していることから，年齢が高いほど，人口に対する盲ろう者の占める割合は高くなるといえる。一方，増加率は30代から40代にかけていったん減少し，その後，年齢とともに増加している。

盲ろうの原因として，出生時および幼少期では，**先天性風疹症候群**，**CHARGE症候群**など，各種の先天性疾患などがあげられる。成人期では，**アッシャー症候群**，神経線維腫症Ⅱ型，糖尿病性網膜症や緑内障などの眼科疾患などが，高齢期では，加齢，各種の眼科・耳鼻科疾患などが，その主な原因と推定される。

4）盲ろうの分類

盲ろうを分類する方法として，以下の2法がしばしば用いられる。

① **障害の程度による分類**　視覚障害を全盲と弱視に，聴覚障害をろうと難聴に分類すると，盲ろうの障害の程度による区分として，**全盲ろう**，全盲難聴，弱視ろう，弱視難聴の四つに分類することができる（表2−16）。

先天性風疹症候群
母親が妊娠初期に風疹ウイルスに感染したとき，胎児に起こる可能性のある病気。心疾患，難聴，白内障が3大症状。

CHARGE症候群
虹彩欠損，心疾患，後鼻孔閉鎖，発達障害，性器の低形成難聴などを主症状とする先天性疾患。

アッシャー症候群
先天性の聴覚障害（難聴，ろう）に進行性眼疾患（網膜色素変性症）を伴う疾患。3タイプを区別する。

全盲ろう
全く見えず，全く聞こえない状態。

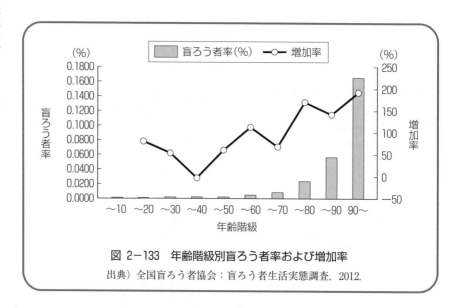

図 2−133　年齢階級別盲ろう者率および増加率
出典）全国盲ろう者協会：盲ろう者生活実態調査，2012.

表 2−16　障害の程度による分類

		聴覚障害	
		ろ　う	難　聴
視覚障害	全　盲	全盲ろう	全盲難聴
	弱　視	弱視ろう	弱視難聴

②　**経歴による分類**　　上記の「障害の程度による分類」とともにしばしば
用いられる分類法として,「経歴による分類法」がある。「経歴」,すなわち,
どのようにして盲ろうになったかにより,次の四つに分類する。

- 盲ベースの盲ろう者：はじめは目が不自由で,大人になってから,耳も不
  自由になった者。点字系のコミュニケーションを用いる場合が多く,視覚
  障害者の文化を有している傾向がある。
- ろうベースの盲ろう者：はじめは耳が不自由で,大人になってから目も不
  自由になった者。手話系のコミュニケーションを用いる場合が多く,ろう
  者の文化を有している傾向がある。
- 先天性の盲ろう者：生まれつき,あるいは生まれて間もなく,目と耳の両
  方が不自由になった者。受けた教育によりコミュニケーション手段は異な
  る。点字や手話を獲得せず,サインなどを用いる場合が多い。盲ろう以外
  の障害を併せ有する場合が少なくない。
- 非盲ろうベースの盲ろう者：目も耳も不自由ではなかったが,大人になっ
  てから,その両方が不自由になった者。点字や手話を用いることは少なく,
  手のひら書きなどを用いる場合が多い。非盲ろう者の文化を有している傾
  向がある。

手のひら書き
p.145 参照。

　このように,障害の程度による4分類×経歴による4分類により,盲ろう者
を16分類できることになる。実際には,それらの分類の境界に位置する者も
存在し,さらに年齢・性別・知的障害の有無などを考慮すると,盲ろう者は,
一人ひとりで大きく異なり,多様性に富んでいるといえる。

(2) 盲ろう者の困難

　目と耳の両方が不自由である盲ろう者は,さまざまな困難を抱えている。と
りわけ強い困難として,以下の三つをあげることができる。

1) コミュニケーションの困難

　人とコミュニケーションを取ることが難しい。耳が聞こえなければ,人の話
す声を聞いて会話することができない。目が見えなければ,手話や身振り,表
情,口の動きなどを見て読み取れない。

　したがって,盲ろう者は,人びととスムーズにコミュニケーションを図るこ
とが難しく,特殊なコミュニケーション技法に頼らざるを得ないのである。

2) 移動の困難

　行きたい場所に一人で安全に行くことが難しい。例えば,自宅の前の道路を
挟んで向こう側に飲料の自動販売機があったとする。のどが乾いたので,その
自動販売機で飲料を買いたいが,安全に道路を横断して自動販売機までたどり
着けるだろうか。目が見えないだけならば,自動車のエンジン音を聞き分け,

安全を確認して道路を横断すればよい。耳が聞こえないだけならば，目で見て安全を確認すればよい。しかし，目も見えない，耳も聞こえない盲ろう者は，そのどちらもが不可能なのである。このように盲ろう者は，自宅の前にある自動販売機にさえ，一人で安全に移動することが困難なのだ。

3）状況把握の困難

社会において，人びとは目と耳の両方を使って状況把握を行い，その状況に応じて行動する。しかし，目も耳も不自由であれば，今どのような状況にあるかを知ることは難しい。その結果，盲ろう者は，場に応じて適切に行動することが困難となり，社会に適応しにくい状態に追い込まれることになる。

（3）盲ろう者の多様なコミュニケーション方法

1）点字系コミュニケーション方法

点字系コミュニケーション手段は，盲ベースの盲ろう者で使われることが多い。

ブリスタ
ドイツ製。持ち運びしやすく，盲ろう者通訳でしばしば用いられる。

① **ブリスタ**　ブリスタは，点字タイプライターの一種である。内部にロール巻の紙テープをセットし，六つの点字キーおよびスペースキーを押下することで，テープに点字を打ち出して背面から排出する。盲ろう者は，次々に排出されるテープに打ち出される点字を触読することで，同時通訳が可能となる（図2-134）。

福島令子
東京大学の福島智教授の母。

② **指点字**　指点字とは，1981年に福島令子が考案した盲ろう者のコミュニケーション方法のひとつである。図2-135のように，点字を構成する六つの点を左右の各指に配当し，盲ろう者の手の上に重ねて置いた通訳者の指を同時に叩くことで，指から指へと点字を伝えるコミュニケーション手段である。

2）手話系コミュニケーション方法

手話系コミュニケーション手段は，ろうベースの盲ろう者で使われることが多い。以下の二つを区別する。

① **弱視手話**　弱視手話とは，見えにくさに配慮して，見やすく手話をする方法である。はじめは耳が不自由で手話を使っていたろう者が，徐々に目が見えにくくなる過程で，見やすい手話を要求するようになる。具体的には，十分な明るさの確保，逆光を避け，濃い色の服の着用による手とのコントラストの確保，ゆっくりと視野からはみ出ない大きさで手話を行うなどである。

② **触手話**　触手話とは，触って読む手話である。視機能低下が重度で，弱視手話を用いても手話を読み取ることが困難な場合，手話を触って読むものである。

左）ブリスタの内部，紙テープが装着されている。
右）ブリスタを用いた通訳場面：向かって左側が通訳者，右側が盲ろう者。
図 2−134　ブリスタ

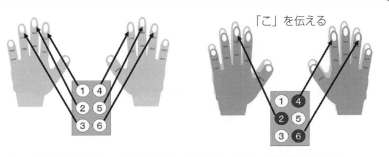

左）点字を構成する六つの点を左右の人差し指，中指，薬指に割りあてる。
右）盲ろう者の手に通訳者の手を重ねて置く。「こ」を伝える場合は図の矢印で
　　示した3本の指を同時に押下する。
図 2−135　盲ろう者のコミュニケーション方法

3) そのほかのコミュニケーション方法

① **手のひら書き**　　手のひら書きとは，話者の指で，盲ろう者の手のひら
に，ひらがななどの文字を書いて伝える方法である。

　非盲ろうベースの盲ろう者では，点字や手話といったコミュニケーショ
ン手段を獲得していないことも少なくない。その場合，手のひら書きを用
いることが多い。

　また，盲ベース・ろうベースの盲ろう者であっても，点字や手話を使え
ない一般の人びととコミュニケーションを取る際に使われることもある。

② **音声**　　盲ろう者に聴覚が残っている場合，補聴器のマイクや耳元に
向かって，十分な声量で明瞭にゆっくりと話して伝える方法である。

③ **サイン**　　簡略なサインを用いて伝える方法である。先天性の盲ろう者
で多く使われる。そのほかのタイプの盲ろう者でも，効率的なコミュニケー
ションを行うために，盲ろう者と話者間で取り決めたサインを使うことが

ある。例えば，「Yes」を伝える際には「〇」を，「No」を伝える際には「×」を，手の甲や身体のどこかに指で記すなどである。

（4）指導上の配慮事項

1）「視覚障害＋聴覚障害」ではなく「視覚障害×聴覚障害」

「盲ろう」という障害は，視覚障害と聴覚障害を併せ有しているという点で，しばしばその不自由は，「視覚障害＋聴覚障害」ととらえられがちである。しかし実際には，盲ろう者の不自由の程度は，「視覚障害＋聴覚障害」というよりもむしろ「視覚障害×聴覚障害」ととらえるべきである。その理由付けとして，例えば，状況把握の困難について，視覚障害者，聴覚障害者，盲ろう者で比較して考えてみよう。

視覚障害者は，視覚的な情報を利用できないものの，聞こえていることから，話者はだれか，何をいっているか，物音からその場でどのようなことが起こっているかといったことを理解することが可能である。

一方，聴覚障害者は，聴覚情報を利用できないものの，見えることから，だれがどのような表情でそれを言っているかや，読話によって発言内容を理解するなど，視覚情報による状況の把握が可能である。

ところが，盲ろう者では，見えなくて聞こえないために，話者はだれか，何を言っているのか，その場でどのようなことが起こっているのかを全く知ることができないのである。

このように，盲ろう者の抱える不自由は，視覚障害者や聴覚障害者と比較してもはなはだ深刻であり，まさに「視覚障害×聴覚障害」の状況にあるといえるのだ。

2）保有（残存）感覚の活用および喪失への対応

図2-134で示したように盲ろう者の数は年齢とともに増加している。このことから，これまで盲ろうでなかった人びとが歳を重ねるごとにさまざまな原因で盲ろうになってきていることがわかる。そうした人びとの中には，急激に視覚と聴覚を失って盲ろう者となる者もいる。

しかし，多くの盲ろう者は，徐々に障害の程度を重くしながら，非盲ろう状態から全盲全ろう状態に向かって移行していくものと推測される。

となれば，以下に示すような視点をもって支援にあたる必要がある。

・現在，保有（残存）している感覚をいかに有効に使うか

・将来の視覚・聴覚喪失に対してどのように備えるか

3）言語の獲得が課題

井戸のポンプから流れ出る水を触りながら，「water」と指文字で伝えられたことで，ものに名前があることを知ったという**ヘレン・ケラー**の話は有名である。先天性の盲ろう児は，ヘレン・ケラーと同じく，言語の獲得という重要

ヘレン・ケラー
Helen Adams Keller
（1880年6月27日生〜1968年6月1日没）
アメリカ合衆国の教育家，社会福祉活動家，著述家。盲ろう者でありながらも世界各地を歴訪し，障害者の教育・福祉の発展に尽くした。

な課題を有している（本章第6節第2項（6）「盲ろう児の理解支援」参照）。

4）盲ろう者における点字習得の高いハードル

現在の ICT 技術において，全盲ろうの盲ろう者が PC からの出力を受ける方法は，点字に頼るほかはない。手話などの点字以外のコミュニケーション手段による PC の入出力がいまだ実現していないからである。盲ベースの盲ろう者であって，点字によるリテラシーが確立している場合を除き，そのほかの盲ろう者が PC を操作するためには，新たに点字を習得する必要がある。

先天性の盲ろう者では，点字の獲得の前提としてさらに，言語獲得の課題がある。

また，点字は音声言語を主体とした「読み」で表す文字であるため，点字を読み書きするためにひらがな文として日本語を理解する必要が生じる。このことが，ろうベースの盲ろう者における点字習得のハードルを一層高くしているといえる。

こうした先天性盲ろう者およびろうベースの盲ろう者の点字習得の困難性を指導者がきちんと理解しておくことが重要である。

5）ろうベースの盲ろう者のキーボード入力方式

情報教育において，**タッチタイピング**のかな入力方式には，一般的にローマ字式が採用される。しかし，ろうベースの盲ろう者に対する指導においては，ローマ字式ではなく，五十音式を採用すべきである。

> タッチタイピング
> p.40 参照。

ローマ字式では，はじめに「a（あ）」「i（い）」「u（う）」「e（え）」「o（お）」を学習した後，各々「k」を付加することで，「ka（か）」「ki（き）」「ku（く）」「ke（け）」「ko（こ）」を学ぶ。こうした母音と子音の組み合わせで学習するパターンは，「聞こえてきた人」で可能な方法であり，ろう者にとっては，理解が困難なものである。したがって，ろうベースの盲ろう者に対するタッチタイピングはローマ字式ではなく，五十音式を採用する。

（5）PC-Talker と Braille Works を用いた PC 活用の支援

盲ろう者の障害の程度は表2−16に示したとおり，全盲ろうから弱視難聴まで幅広い。保有聴力でスクリーンリーダーの音声を活用できる者もいるし，保有視力で画面を活用できる者もいる。そうした保有感覚の活用については，各々，視覚障害者向け，聴覚障害者向けの支援の項を参照されたい。ここでは，全盲ろう者に対する支援方法について記述していく。

現在のところ，PC からの出力を全盲ろう者が受ける方法は，**点字ディスプレイ**をおいてほかにない。PC 上で動作するさまざまなソフトの出力を点字ディスプレイに出す方法として **PC-Talker** と **NVDA** の二種類がある。PC-Talker は有料の製品で，後述する高知システム開発のマイシリーズと組み合わせることで，簡単な操作方法でさまざまな情報活用が可能となる。

> 点字ディスプレイ
> 対応点字ディスプレイについては，NVDAの点字設定ダイアログで確認のこと。
>
> PC-Talker
> p.48 参照。
>
> NVDA
> p.48 参照。

一方，NVDA は無料でダウンロード・インストールできるが，ほかの一般のソフトと組み合わせて用いる必要がある。ただし，一般のソフトの出力を単に点字ディスプレイに表示できたとしても，決してわかりやすく使いやすいものではない。それらを使いこなせるようになることのハードルはかなり高い。

PC を活用して必要な情報を得たり，発信したりできるようになることは，あくまでも学習の手段であって，目的とはならないと考える向きもある。よって，PC-Talker とマイシリーズを用いる支援方法は，盲ろう者にとって現実的な選択であると筆者は考える。以上のことから，本稿では PC-Talker に焦点をあてた構成とした。

視覚障害者ならば，PC-Talker の音声のみを聞きながら，ある程度の効率的な操作を行うことができる。その意味では，Braille Works を導入せずとも PC-Talker のみで，点字ディスプレイに点字を出力することは可能である。しかし，盲ろう者では，音声が利用できないので，PC からの出力は，点字ディスプレイの表示のみに頼ることになる。そうした盲ろう者にとって，Braille Works を導入する効果は高い。もちろん，視覚障害者においても Braille Works の導入により，パフォーマンスの向上が期待できる。

ここでは，特に盲ろう者において，Braille Works が有用である理由について，具体的な例をあげながら解説する。

メモ帳で「特別支援教育免許シリーズ」と記入すると，画面および点字ディスプレイには，図2−136 のように表示される。

しかし，ミスタイプにより「特別支援教育選挙シリーズ」と書いてしまったとしよう（「免許」を「選挙」とミスタイプ）。点字ディスプレイには，図2−137 のように，点字表示によるミスタイプの確認が可能である。

このような場合の修正は，「選」にカーソルを移動して，【Del】キーを2回押下し「選挙」の文字を消去する。続いて，「免許」を挿入する操作を行うことになる。

この際，この「選」という文字にカーソルを移動させる操作を非盲ろう者が行うならば，マウスを使ってその文字をクリックする，あるいは，カーソル移動キーを用いて目的の文字までカーソルを移動する。いずれにしてもそれは容易に行える。

視覚障害者であれば次のような手順でこれを行う。まず，【上・下カーソル】キーを用いて該当行に移動する。スクリーンリーダーは「トクベツシエンキョーイクセンキョシリーズ」と読み上げる。

【Home】キーを押下して行頭の「特」にカーソルを移動すると，「トクベツノトク　ヒダリハシ」と読み上げる。続いて，【右カーソル】キーで1文字ずつ右へカーソル移動するごとに，「ベツワクノベツ　ワカレル」「シジスルノシササエ」「エンジョスルノエン」「キョウイクノキョウ　オシエル」「キョウイ

Braille Works
Windows 操作を支援するステータス表示，点字ディスプレイを優先する音声ミュート機能を提供。

カーソルキー
PC-Talker の「カーソル移動時の読み方」を「詳細音訓」に設定しておく。

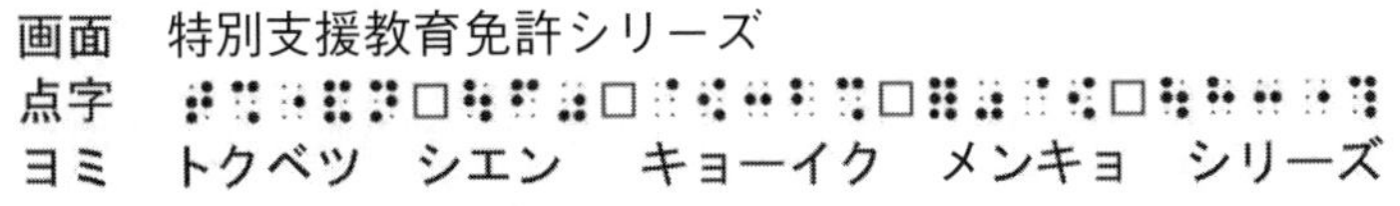

画面　特別支援教育免許シリーズ
点字　⠀⠀⠀⠀⠀⠀⠀⠀⠀⠀⠀⠀⠀⠀⠀⠀⠀⠀⠀⠀⠀⠀⠀⠀⠀⠀⠀⠀
ヨミ　トクベツ　シエン　キョーイク　メンキョ　シリーズ

「画面」にはPC画面表示，「点字」には点字ディスプレイの表示，
「ヨミ」は，点字を読めない読者のために点字の「ヨミ」をカタカナ
表記で解説している。

図 2−136　「特別支援教育免許シリーズ」と入力した際の表示例

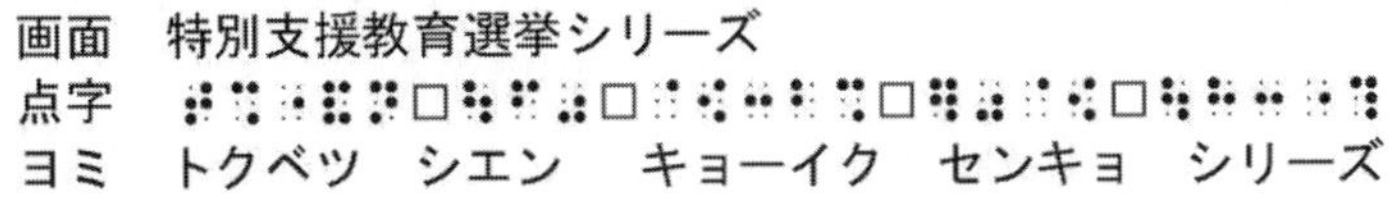

画面　特別支援教育選挙シリーズ
点字　⠀⠀⠀⠀⠀⠀⠀⠀⠀⠀⠀⠀⠀⠀⠀⠀⠀⠀⠀⠀⠀⠀⠀⠀⠀⠀⠀⠀
ヨミ　トクベツ　シエン　キョーイク　センキョ　シリーズ

該当する点字表示でもミスタイプであることを確認できる。

図 2−137　「免許」を「選挙」とミスタイプした際の表示例

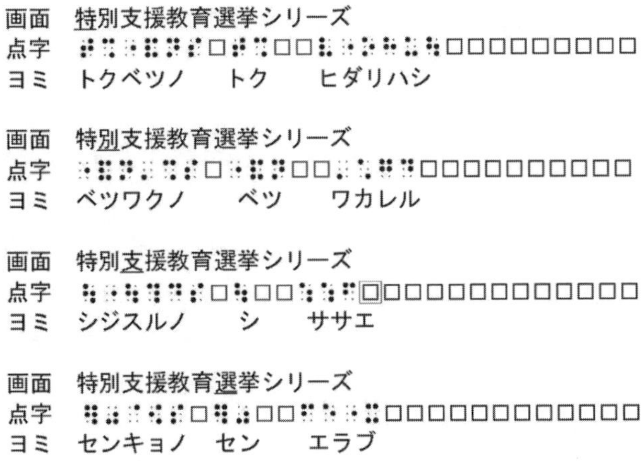

画面　特別支援教育選挙シリーズ
点字　⠀⠀⠀⠀⠀⠀⠀⠀⠀⠀⠀⠀⠀⠀⠀⠀⠀⠀⠀⠀⠀⠀⠀⠀⠀
ヨミ　トクベツノ　トク　　ヒダリハシ

画面　特別支援教育選挙シリーズ
点字　⠀⠀⠀⠀⠀⠀⠀⠀⠀⠀⠀⠀⠀⠀⠀⠀⠀⠀⠀⠀⠀⠀⠀⠀⠀
ヨミ　ベツワクノ　　ベツ　　ワカレル

画面　特別支援教育選挙シリーズ
点字　⠀⠀⠀⠀⠀⠀⠀⠀⠀⠀⠀⠀⠀⠀⠀⠀⠀⠀⠀⠀⠀⠀⠀⠀⠀
ヨミ　シジスルノ　　シ　　ササエ

画面　特別支援教育選挙シリーズ
点字　⠀⠀⠀⠀⠀⠀⠀⠀⠀⠀⠀⠀⠀⠀⠀⠀⠀⠀⠀⠀⠀⠀⠀⠀⠀
ヨミ　センキョノ　セン　　エラブ

「選」にカーソルが移動すると点字ディスプレイに「センキョノセン　エラブ」
と表示される。

図 2−138　行頭の「特」から1文字ずつ右にカーソルを移動した際の点字
ディスプレイの表示例（画面表示のカーソル位置を「＿」で示している）

クノイク　ソダツ」のように1文字ずつ漢字の説明が読み上げられていく。「セ
ンキョノセン　エラブ」と読み上げられた文字が「選」である。

では，盲ろう者ではどのような手順になるであろうか。視覚障害者と同様に，
「特」の文字にカーソル移動すると，点字ディスプレイには，音声で読み上げ
たときと同様に表示される（図2−138）。【右カーソル】キーを押下するたびに，
音声と同じ文言が点字ディスプレイに表示されていく。このような方法で，1
文字ずつ，点字ディスプレイを触読しながらカーソルを移動する操作をしなく

てはならない。これには，視覚障害者と比較しても盲ろう者ではより多くの手間と時間を要することがわかる。

　PC 操作において，目的の文字にカーソルを合わせる行為は，頻繁に行う必要がある。このような基本的操作にこれほどまで手間取っていては，あまりにも非効率的であるといわざるをえない。

　そこで，Braille Works を導入すると上記の操作は次のように行うことができる。

　点字ディスプレイの各点字セル（点字 1 文字分の表示マス）の上部には，【タッチカーソル】と呼ばれるキーがある。【タッチカーソル】を押下することで，目的の箇所に文字カーソルを移動させることができる。

　このように Braille Works を導入することで，先に述べた繁雑な操作は，「該当する【タッチカーソル】押下」という操作に置き換えられる。このことが盲ろう者の PC の操作性を格段に向上させるといえる。

　そこで，この節では PC-Talker と Braille Works の双方を導入した環境を「PC-Talker + Braille Works 環境」と表現する。

　以下では，PC-Talker + Braille Works 環境において，高知システム開発のマイシリーズを用いた活用方法を紹介する。

①　辞書を引く

My Dic Ⅱ
高知システム開発の製品。インターネット，電子ブック，CD などで提供されているさまざまな辞書を検索するソフト。

- 使用ソフト：My Dic Ⅱ　検索ボックスに検索語を入力して【Enter】キーを押下すると，検索結果のリストが表示されるので，【上・下カーソル】キーで選択して【Enter】キーを押下する。すると検索結果の本文が表示されるので【カーソル】キーを用いて閲覧する。インターネット接続環境で国語辞典，英和辞典，和英辞典，類語辞典，ウィキペディア，医学事典，英日翻訳，日英翻訳を利用することができる。

②　新聞記事を読む

My News 2018
高知システム開発の製品。Web ニュースを簡単な操作で読み上げるソフト。

- 使用ソフト：My News 2018　ニュース記事を読む操作の一例をあげると次のようになる。

　【下カーソル】キーで「目次」を選択して【Enter】キーを押下する。「全国紙」「地方紙」「スポーツ紙」のようにリスト表示されるので，「全国紙」を選択する。全国紙のリストから例えば「共同通信」を選択すると，記事見出しのリストが表示されるので，読みたい記事を選択して【Enter】キーを押下する。記事本文が表示されるので【カーソル】キーで移動しながら記事を閲覧する。

　このように【上・下カーソル】キーで選択して【Enter】キーを押下するという操作のみで目的の新聞記事にアクセスできる。戻る際には【Esc】キーを押下する。

③ 電子メールを送受信する

- 使用ソフト：My Mail V　電子メールを読む際，【上・下カーソル】キーで「送受信」を選択して【Enter】キーで送受信する。「未開封メール」を選択してメールのリストに移動する。【上・下カーソル】キーで読みたいメールを選択して【Enter】キーを押下すると，メール本文が表示されるので，【カーソル】キーで本文を移動しながら閲覧する。

　　返信メールを作成して送信する際は，前述の操作でメールを読み終えた後，【F4】キーを押下して返信フォームを作成する。メール本文を記述したら，【Shift】キー＋【Ctrl】キー＋【Enter】キーで送信する。

④ 文書を作成する

- 使用ソフト：My Edit あるいは，My Word 7　前者はテキストデータの作成に，後者は Microsoft Word のファイル作成・編集に用いることができる。

⑤ ホームページを閲覧する

- 使用ソフト：Net Reader Ⅱ　PC-Talker ＋ Braille Works 環境に Microsoft Edge を用いることで，Web ページの閲覧が可能である。さらに Net Reader を用いることで，「クイックビュー機能」によるページ構成の理解，効率的な Web 検索やページ内検索，読みたい記事への素早いアクセス，指定したコントロールへのアクセスなどが容易に行えるようになる。

⑥ そのほかの活用　　Microsoft Office（Word，Excel，Power Point）の主要機能を活用できる。そのほか，一般向けのアプリの中にも，工夫しだいで使えるものもあるので，試していただきたい。

(6) NVDA を用いた PC 活用の支援

1）環境構築

前述のとおり NVDA を用いた PC 活用は，盲ろう者にとってわかりやすく使いやすいものではない。しかし，選択肢のひとつとなっていることは事実であることから本項においても解説を加えておく。

スクリーンリーダーとして NVDA を用いる PC 環境として，Windows10 を OS とした PC に，点字ディスプレイを接続する。NVDA を使用するためには，当該ソフトをダウンロードし，インストールする。起動後に，【NVDA】キー（標準では【無変換】キー）＋【n】キーで NVDA メニューが表示される。次に「設定【p】」→「設定【s】」→「点字設定」と進み，設定ダイアログを表示させる。接続されている点字ディスプレイの種類や接続ポートなどを設定すると音声メッセージおよび点字ディスプレイに出力される。

このようにして構築した環境をここでは「NVDA 環境」と表現する。

My Mail V
高知システム開発の製品。PC-Talker に対応した視覚障害者用メールソフト。

My Edit
高知システム開発の製品。PC-Talker に対応した視覚障害者用テキストエディタ。

My Word 7
高知システム開発の製品。PC-Talker に対応した視覚障害者用ワープロソフト。

Net Reader Ⅱ
高知システム開発の製品。PC-Talker に対応した Web ブラウザ読み上げソフト。

2）活用事例

NVDA 環境に加えて一般向けのソフトを用いた活用方法について紹介する。

① **効率的な文字列編集**　メモ帳を起動して，文字列編集を行うと，PC-Talker ＋ Braille Works 環境と同様に，【タッチカーソル】を用いた任意文字へのカーソル移動が可能である。こうした効率的な文字列編集機能は，メモ帳における編集に限らず，Windows における標準的な文字列編集場面で利用可能である。

② **電子メールを送受信する**

Mozilla Thunderbird
Mozilla を起源とし，フリーかつオープンソースのメールソフトである。NVDA 開発チームより推奨されている。

- 使用ソフト：**Mozilla Thunderbird**　Thunderbird は，NVDA 開発チームの推奨メーラーだけあって，NVDA との相性はよい。ほとんどの機能を点字ディスプレイの表示を読みながら操作可能である。ただし，Thunderbird は画面を見ながらのマウス操作が可能な人にとって使いやすく開発されたソフトである。点字ディスプレイには，フォーカスのあたっている部分の情報が表示しているにすぎず，それは，盲ろう者にとって「使える状況」であっても「使いやすい状況」ではない。盲ろう者がThunderbird を用いて，円滑に電子メールの送受信ができるようになるためには，かなりのトレーニングと慣れを要する。

③ **ホームページを閲覧する**

Mozilla Firefox
Mozilla によって開発されているフリーかつオープンソースのWeb ブラウザである。NVDA 開発チームより推奨されている。

- 使用ソフト：**Mozilla Firefox**　Firefox は，NVDA 開発チームの推奨Web ブラウザであり，NVDA との相性はよい。

Web ページを効率よく閲覧するためには，まず，【NVDA】キー＋【F7】キーにより「要素リスト」を表示させ，Web サイトの構成を理解しておく必要がある。そのうえで，キーボードコマンドを用いて，目的のコンテンツに能動的にアクセスしながら読み進めていくことになる。

④ **ニュースを読む**　使用ソフトメール送受信と同様，メールソフトMozillaThunderbird を用いる。

フィードアカウントに RSS フィードを登録することで，電子メールと同じ要領で，天気予報やニュースなどの記事にアクセスすることができる。記事のタイトルはメールの件名に表示されるので，読みたい記事を選択して【Enter】キーを押下して該当 Web サイトを表示させる。

残念ながら，MyNews と異なり，本ソフトで表示される記事本文は，読みやすく整形されていないので，前述の Firfox を用いて閲覧するのと同様，キーコマンドを用いた能動的アクセスによる閲覧をすることになる。

⑤ **そのほかの活用**　Microsoft Office（Word, Excel, Power Point など）の主要機能の活用が可能である。そのほかの一般向けのソフトの中にも，工夫しだいで使えるものもあるので，試していただきたい。

いずれにしても高知システム開発のマイシリーズを用いるのに比較し

て，効率的な活用法の習得のハードルは高いといえる。

（7）ブレイルセンスポラリス日本語版を活用した支援

1）ブレイルセンスポラリスとは

ブレイルセンスポラリスは Android OS を搭載した持ち運び可能な点字音声情報端末である。PC ＋点字ディスプレイ＋スクリーンリーダ（PC-Talker，NVDA）の組み合わせで使うより，ブレイルセンスポラリスを単体で使用するほうが，環境構築，設定，使用方法の習得など，さまざまな面でハードルが低く，盲ろう者に対する ICT 活用支援方法として現実的な選択肢といえる。

ブレイルセンスポラリス
p.43，図 2 − 26 参照。

2）環境構築

全盲ろう者が活用するための環境構築として，まず，音声出力をオフにする（キー操作：【BackSpace】キー＋【F2】キー）。音声出力機能がオンになっていると，電子メール本文を読む際，盲ろう者が点字表示を読み終えたか否かにかかわらず，音声読み上げに従って点字表示が自動的に遷移してしまう。

次に本体右側面にあるボリューム調整ボタンで主音量をオフにしておく。主音量が上がっていると，盲ろう者本人が気づかないまま，大きな音で音楽などが鳴り続けているという事態を引き起こしかねないからである。

3）活用事例

ワードプロセッサ，電子メール，アドレス帳，予定帳，Web ブラウザ，Excel Viewer，電卓，コンパス，辞書，時計などの活用が可能である。これらは，視覚障害者向けに開発されたソフトであり，点字ディスプレイを読みながら操作する盲ろう者にとって「使いやすい状態」といえる。

また，Android アプリをインストール可能である点から，さまざまな活用の可能性がある。

（8）ICT を用いた意思疎通支援　BMChat

盲ろう者とリアルタイムに意思疎通を図るための手段として，従来よりブリスタが用いられてきた。ブリスタのように触覚情報化による意思疎通支援方法として，WindowsPC と BMChat，点字ディスプレイを組み合わせた方法を紹介する。

ブリスタ
p.144 参照。

BMChat を起動すると図 2 − 139 のような操作画面が表示される。上・中・下の三つのペインから構成されている。上ペインは非盲ろう者が記入するペイン，中ペインは盲ろう者が点字ディスプレイの点字キーボードを用いて記入するペイン，下ペインは盲ろう者が点字ディスプレイで読むことのできるペインである。

BMChat
ケージーエスが提供する点字ディスプレイユーティリティソフトのひとつ。

非盲ろう者が上ペインに書き込む際には，まず，【Ctrl】キー＋【S】キーで，フォーカスを上ペインに移動させ，続いてひらがなもしくは点字入力により入

図 2-139　BMchatの操作画面

力を行う。

　盲ろう者は，随時，中ペインに書き込み可能で，さらに点字ディスプレイの【上・下カーソル】キーを用いて，下ペインの文章を移動しながら閲覧することができる。したがって，非盲ろう者は，盲ろう者がすでに前の文章を読み終えたかどうかにかかわらず，次々と文章を上ペインに記入することが可能である。

3　環境調整による支援

　環境調整による支援について，ICF-CY では「環境因子」の「第２章　自然環境と人間がもたらした環境変化」にさまざまな項目が示されている（表2-17）。このうち「e225 気候」「e240 光」「e250 音」「e255 振動」「e260 空気の質」は比較的制御が容易である。ICT を使用し自動でコントロールすること，本人の働きかけにより制御することが考えられる。

（1）さまざまな環境の制御

　ICF-CY の気候（e225）の第４レベルには，気温（e2250），湿度（e2251），気圧（e2252），降水量（e2253），風（e2254），四季の変化（e2255）があげられている。このうち，気温，湿度，風は空調機によって制御可能になる。エアコンの高性能化により，温度，湿度，風量・風向の制御が細かく設定できるようになってきた。光（e240），音（e250），振動（e255），空気の質（e260）も同様に電子機器によってある程度は制御できる。

　障害が重くほとんど身体を動かすことができない人は，以前は介助者を通して環境の変更を行ってきた。それを障害者の身体に残されたわずかな機能（残

表 2-17　自然環境と人間がもたらした環境変化に関する ICF-CY の分類

環境因子 environmental factors		
第 2 章　自然環境と人間がもたらした環境変化		
	natural environment and human-made changes to environment	
e210	自然地理	physical geography
e215	人口・住民	population
e220	植物相と動物相	flora and fauna
e225	気候	climate
e230	自然災害	natural events
e235	人的災害	human-caused events
e240	光	light
e245	時間的変化	time-related changes
e250	音	sound
e255	振動	vibration
e260	空気の質	air quality
e298	その他の特定の，自然環境と人間がもたらした環境変化	natural environment and human-made changes to environment, other specified
e299	詳細不明の，自然環境と人間がもたらした環境変化	natural environment and human-made changes to environment, unspecified

出典）厚生労働省大臣官房統計情報部：ICF-CY　国際生活機能分類−小児・青少年に特有の心身機能・構造，活動等を包含−．厚生労働統計協会，2010．

存機能）を利用して，障害者の意思によりコントロールできるようにしたものが ECS（environmental control system：環境制御装置）である。ECS は 1960 年代に英国で始まり，電子工学の進歩とともに欧州・米国で発展した。日本では 1977 年開催のリハビリテーション USA（東京）に出展された装置が研究機関に提供され，評価・研究が進められた。1979 年には環境制御装置研究開発連絡協議会が発足，情報交換により研究の重複を避けた ECS の実用化・普及が図られた。畠山・藺藤（いとう）・長尾・伝法（でんぽう）（1980）は高位頸髄損傷者がモニタで確認しながら呼気センサで周辺機器をコントロールする装置を開発した。この装置は，①ナースコール，②ライト，③電動ベッド，④電動カーテン，⑤テレビ，⑥ラジオ，⑦テープデッキ，⑧タイプライター，⑨ページめくり器の制御が可能であった。これらの研究の成果として 1984 年には環境制御装置研究開発連絡協議会仕様の ECS が製品化されている。この ECS は選択肢をダイアル型に表示し，1 入力方式（オートスキャン）あるいは 2 入力方式（ステップスキャン）で選択できるようになっている。しかし，土屋は「ECS は公的支給の枠外にあるので，ほとんど全額が患者自身の出費となる。ECS 本体は数十万円であるが，周辺機器まで含めると，最低 150 〜 200 万円の自己資金が必要である」と当時の普及上の問題点を指摘していた（図 2-140，図 2-141）[1]。

　現在も環境制御装置単体は**補装具**の種目，購入または修理に要する費用の額の算定に関する基準には規定されていない。神奈川県・岐阜県・高知県・東京都千代田区など，独自に制度化している自治体がみられるのみである。

補装具
厚生労働省は「障害者が日常生活を送る上で必要な移動等の確保や，就労場面における能率の向上を図ること及び障害児が将来，社会人として独立自活するための素地を育成助長することを目的として，身体の欠損又は損なわれた身体機能を補完・代替する用具」と説明している。
2006 年重度障害者用意思伝達装置とそのインターフェースであるスイッチ類が補装具として加えられた。
詳細は第 4 章第 1 節第 2 項（1）「補装具費支給制度」を参照されたい。

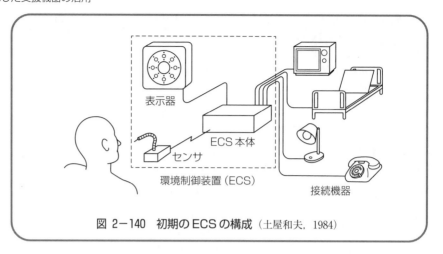

図 2-140　初期の ECS の構成（土屋和夫，1984）

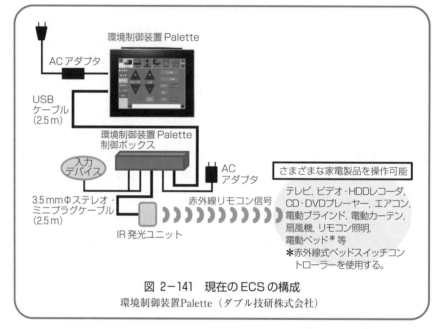

図 2-141　現在の ECS の構成
環境制御装置Palette（ダブル技研株式会社）

障害者総合支援法
正式名は「障害者の日常生活及び社会生活を総合的に支援する法律」で，障害者自立支援法（2006 年施行）が改正された法律（2013 年）。

　一方，**障害者総合支援法**では重度障害者用意思伝達装置が補装具に位置付けられ補助金支給の対象となっている。これに環境制御の機能を加えたものも支給対象となっている。「重度障害者用意思伝達装置」導入ガイドライン（日本リハビリテーション工学協会）では 2010 年の改正時に「a. 意思伝達機能を有するソフトウェアが組み込まれた専用機器（簡易なもの）」「b. a に環境制御機能が付加されたもの」「c. a に通信機能が付加されたもの」の 3 種類の方式に区分された。さらに 2012 年には，環境制御機能が「①簡易な」ものと「②高度な」ものに細分された（その後もガイドライン全体では随時改正が重ねられている）。このように意思伝達装置を使用する重度障害者が環境制御機能を加えて利用することで土屋が指摘した資金の問題はある程度改善されてきたといえる。

ボット　あらゆるスイッチ・
ボタンをオン/オフできる。

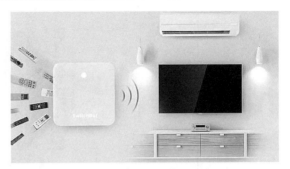
ハブミニ　赤外線家電・SwitchBot製品を一括管理。

図 2−142　SwitchBot（左：ボット，右：ハブミニ）
（株式会社スイッチボット）

　環境制御は「専用機」のほかにも「専用アプリをパソコンやスマホに組み込んで使うもの」の利用も考えられる。重度障害者用意思伝達装置の補助金支給の対象とならない人も，この方法ならば比較的安価に環境制御を行うことが可能である。近年，Amazon Alexa や Google Home といったスマートスピーカーと接続し，声で操作して赤外線リモコン信号を送信する製品も販売されている。

　赤外線リモコンなどではなく物理的なスイッチを操作する必要がある場合も，小さなロボットアームを動かして操作する商品が販売されている。「SwitchBot ハブミニ」はスマホやスマートスピーカーと接続し，タッチや音声命令によりロボットアームを操作して物理スイッチを押すことができる（図2−142）。近年，意思伝達装置などや PC による人工音声で行うスマートスピーカー操作事例がみられるようになった。今後さらにスマートスピーカーが発展普及していけば，環境制御装置は安価にだれでも利用できる一般的な道具になっていくと考えられる。

(2) 振動フィードバックと音楽制御

　岡澤・川住は自発的な身体の動きが全く見い出されなかった超重症児に対して「押すと振動とメロディーが出るおもちゃ」を使用し，振動呈示後に身体の動きがみられたことを報告している[2]。振動や音楽のフィードバックは障害の重い子どもにも有効な刺激となり得る。特別支援学校現場などでもスイッチと音楽を組み合わせた授業実践が多くみられる。音楽を鳴らす際，振動スピーカに接続すれば，容易に音楽と振動を設定することができる。

　大杉（2015）は視覚障害を併せ有する重度・重複障害児が振動フィードバックを手がかりに自分でスイッチ操作して音楽を聞くことができる装置として「スイッチ入力 MP3 君」（図 2−143）を提案している。ベッドの柵に固定され

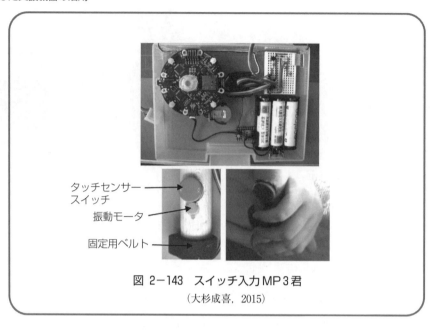

タッチセンサー
スイッチ

振動モータ

固定用ベルト

図 2-143　スイッチ入力MP3君
（大杉成喜，2015）

たタッチセンサースイッチに触れると小さく振動して，MP3プレーヤーが音楽を一曲再生して終了する。続けてスイッチを触ると次の曲を聞くことができる。使用記録の分析により子どもが音楽を聞きたいときに自分でスイッチを操作できることが確認されたと報告している。振動フィードバックと音楽再生が外界への能動的な行動の発現に結びついた事例といえる。

（3）重度障害児者のeスポーツ参加

　eスポーツ（electronic sports）とは複数のプレイヤーで対戦するコンピュータゲームをスポーツ競技として見立てたもので，プロスポーツになっている。日本でも近年盛り上がりをみせており，第74回国民体育大会「いきいき茨城ゆめ国体」では，文化プログラムとして「全国都道府県対抗eスポーツ選手権2019 IBARAKI」が実施されている。

　コンピュータゲームは入力機器を工夫すれば障害のある人の参加も容易であり，ルールなどを整備すれば対等な試合が可能となる。北海道八雲病院の「ゲームやろうぜProject」では障害に応じたさまざまなコントローラや海外情報を発信しており，また一般社団法人**コンピュータエンターテインメント協会**（CESA）と連携して障害者eスポーツの普及に努めている。

　Game accessibility guidelinesはゲーム開発者向けに，障害のあるユーザーにはどのような不便さがあるのか，初級・中級・上級ごとの困難さと具体事例を紹介した国際的なガイドラインである。近年の**コンシューマ・ゲーム**はこういった障害者対応機能を意識したものも少なくない。これに個々の障害に応じたコントローラなどを付加すれば，障害者が利用しやすいゲーム環境が実

ゲームやろうぜ
Project
https://
www.gyp55.com/

コンピュータエンター
テインメント協会
https://
www.cesa.or.jp/

Game accessibility
guidelines
http://
gameaccessibility
guidelines.com/

コンシューマ・ゲーム
市販の家庭用ゲーム機
でのプレイを前提にし
ているゲーム。

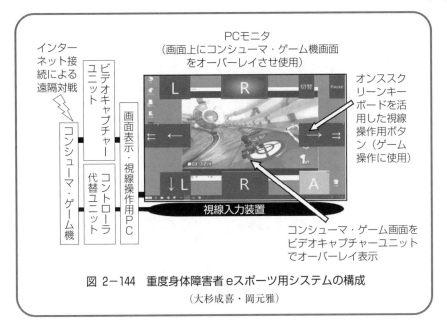

図 2-144　重度身体障害者 e スポーツ用システムの構成

（大杉成喜・岡元雅）

現する。

　近年，安価で高機能な視線入力デバイスが容易に入手できるようになった。マウス操作を視線でコントロールできれば，PC 操作のすべてを視線でコントロールできる。赤外線リモコン等同様，コンシューマ・ゲームのコントローラを操作することができれば，ゲーム対戦も可能となる。図 2-144 の e スポーツ用システムの構成は，視線入力で任天堂 Switch のゲーム操作を行うシステムである。これにより，SMA（spinal muscular atroph：脊髄性筋萎縮症）などでほとんど身体を動かすことができない子どもも，友人や家族と対戦ゲームを楽しむことができるようになる。また，インターネットを通して世界の人と対戦したり，大会を企画することもできる。情報技術の発展とともに ECS はその範囲を「快適な生活」から「趣味や楽しみ」まで広げていったといえる。

（4）応答する環境

　「応答する環境（edison responsive environment：ERE）」とは「児童の探索行動や働きかけ行動に対して，モノやヒトなどの周囲の環境が変化し応答すれば，その応答性が，児童の興味や意欲を喚起し活発な活動を導くという動機付け面に貢献し，そこでの環境に対する効力感が自信ともなり，目標を達成するときの粘り強さを形成し，それらが知的発達の促進にもつながっていくという原理」[3] をもとに制作された学習環境である（図 2-145）。

　この「応答する環境」の利用について菅井は「自由・探索のプログラム」と「発見・照合のプログラム」を提案している。また，子どもがスイッチをいろいろ触って反応を楽しんでいるうちに数字読みなどの学習が進んだことを報告

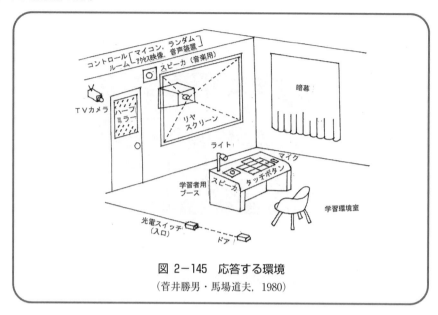

図 2-145　応答する環境
(菅井勝男・馬場道夫, 1980)

している[4]。

(5) スヌーズレン

　スヌーズレン (snoezelen) は, スニッフレン (snuffelen：クンクンと辺りを探索する) とドゥースレン (doezelen：ウトウトくつろぐ) からつくられた造語で, 「自由に探索したり, くつろぐ」様子を表す 1970 年代にオランダで始められた障害児者への活動と理念である[5], [6]。スヌーズレンの概念は, 障害のある人が感じ取りやすく, 楽しみやすい, 光, 音・音楽, いろいろな素材に触れるもの, 感覚に直接訴える刺激をそろえた環境を提供する「物理的環境の整備」, 障害のある人との活動で, 障害のある人自身の活動ペースや人やものへの対応の仕方をありのままに受け入れ, 障害のない人も共にその場を楽しむ「人的環境の整備」, 人と人とが出会い, 互いの感じ方や喜びを共有し, 「関係性の深まり」を求めるものとしてまとめられている[6], [7], [8]。

　三次的環境も含めた取り組みの代表例として, スヌーズレンが日本でも注目されるようになってきた。この取り組みは, 障害のある子どもや大人が, 多様な感覚刺激を提供する部屋に入り, 障害者用スイッチ (アクセシビリティスイッチ, 以下スイッチ) を用いて自分が好きな光や音, 香りなどを選択し, その刺激を体験することで, 主体的な余暇やリラクセーション活動につながることを目ざしている (図 2-146)。スヌーズレン専用のハードウェア (**バブルユニット, サイドグロー**など) も販売されているが高額なことが多い。そのため, 多くの学校・福祉施設では, 重度障害児が好きな光・音を出す電化製品 (ラバーライトやクリスマスツリーの電飾など) と障害者用スイッチの間に, オン / オフする

バブルユニット
アクリル管の下から無数の泡が上昇する電化製品。

サイドグロー
さまざまな色に変化するストリングスライト。

図 2−146　スヌーズレン室の例
（国立特別支援教育総合研究所）

障害支援機器（例：ウゴきんぐ，パシフィックサプライ社）を入れ，スイッチ操作で家電製品を動かすことができるようにしている。障害者用スイッチを操作する方式は，スイッチの操作→電化製品のオンという因果関係を理解する必要があるため，電化製品を間接的に操作することになる（間接入力型ユーザーインターフェース）。

　一方で，近年では，因果関係理解の促進を図る携帯情報端末のアプリ（SoundBox，Light Box など）と i ＋ Pad タッチャーや，視線入力装置用アプリ（センサリーアイ FX，クレアクト社）などを用いて，重度障害児の手指・目の動きによって，電化製品を直接的に操作できるシステム（直接入力型ユーザーインターフェース）を援用する事例も増えてきている。

i ＋ Pad タッチャー
p.84 参照。

　海外においては，リラックス用のホワイトルームやブラックルーム，音楽療法用のミュージックルーム，遊技・運動用のアクティブルームなど，さまざまな感覚刺激を提供する部屋が用意されている学校・施設もある。しかし，一般的な日本の特別支援学校や福祉関連施設においては，さまざまな感覚刺激を提供する部屋を複数用意することはもちろん，ひとつの部屋を常時余暇やリラクセーションのためだけに割り当てることは難しい。こうした日本の現状を考えると，海外で提唱されたスヌーズレンの理念や取り組み，そのための設備をそのまま導入することは現実的ではない。また，スヌーズレンが障害児者のリラクセーションや生理的ストレス反応の低減に及ぼす効果については，科学的な評価実験が不足しており，科学的根拠が一致していない。日本スヌーズレン協会も，療法や指導法ではなく，障害がある人とともに体験を楽しむ余暇活動やかかわり合いの理念および取り組みとして理解啓発を進めている。

　　　上記のような背景から，スヌーズレンの理念・取り組みそのものではなく，一次的環境から三次的環境までを含む物理的環境面のアプローチについて，日本の教育・福祉現場に資するモデルやその取り組みを紹介する。

　　　苅田は，重度障害児がリラックスしており，主体的な反応・行動が多く観察される環境について**アクションリサーチ**を行い，重度障害児のリラクセーションに環境特性が及ぼす効果モデルを提案した[9]。このモデルでは，情報工学の概念である「S/N比」と「周波数」を，環境特性の分類に援用した（図2−147，図2−148）。

アクションリサーチ
グループ・ダイナミクスの創始者クルトレヴィン（Lewin, K., 1954）が提唱した研究アプローチ。実践においては，①問題の特定，②分析，③計画，④行動・実践，⑤評価と反省，⑥プロジェクトの成功による終了，もしくは計画の練り直し，または新しい問題の特定，というサイクルを経る。

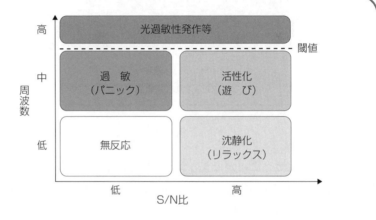

図 2−147　重症児のリラクセーションに環境特性が及ぼす効果モデル

出典）苅田知則：重症心身障害児はリラックス空間を認識しているか？：能動的表出行動を促進する支援技術利用に関する基礎的研究，情報教育学研究，27（4），3-15，2012.

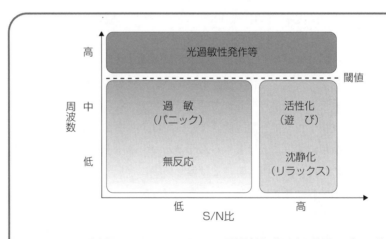

図 2−148　重症児のリラクセーションに環境特性が及ぼす効果モデルの修正版

出典）苅田知則：重症心身障害児はリラックス空間を認識しているか？：能動的表出行動を促進する支援技術利用に関する基礎的研究，情報教育学研究，27（4），3-15，2012.

　横軸のS/N比は，信号量（signal）と雑音量（noise）の比によって表される（下式参照）。信号量（signal）は「図（装置・ツールなど）」，雑音量（noise）は「地（背景）」と考えるとよい。

$$S/N 比 = \frac{信号量（signal）}{雑音量（noise）}$$

　縦軸の周波数は，特定の現象が単位時間あたりに繰り返される回数をさす。点滅間隔の短い（早く点滅する）ライトや，電動マッサージ器のように，頻回に提示される刺激（刺激提示頻度が高い）は高周波数刺激，ゆっくりと点滅するライトやスローテンポの音楽のように，ゆっくりと提示される刺激（刺激提示頻度が低い）は低周波数刺激と表現できる。

　以上のことから，重度障害児がリラックスできる空間とは，S/N比が高く周波数が低い（雑音が少なく信号は散発）環境といえよう。また，重度障害児の遊びを誘発する環境とは，S/N比が高く周波数が高い（雑音が少なく信号は頻発）環境となる。反対に，S/N比が低く周波数が低い場面とは，集団での教育・療育のように，雑音が多く信号も散発なので，重度障害児は無反応になってしまうことが多いだろう。さらに，S/N比が低く周波数が高くなる（雑音が多く信号も頻発）と，過敏によるパニックなどを起こす可能性が高まり，閾値を超える周波数の情報が提示された場合，S/N比の高低にかかわらず，光過敏性発作を誘発する危険性があるので，注意が必要であろう。

　ただし，実践現場においては，低S/N比環境における過敏と無反応，高S/N比環境における活性化と沈静化を明確な閾値で区分することは難しく，その境界はあいまいであると考えたほうが妥当であろう。また，重度障害児の特性から，単一の障害がある子どもよりも，光過敏性発作などが生じる閾値は低いことも考えておく必要があるだろう。

　重度障害児は，高S/N比環境であろうと，高周波数刺激（アクションゲームなど）から導入してしまうと，不快ストレスが高まり，緊張性反射活動や光過敏性発作などが高まってしまう可能性があるため，高S/N比・低周波数環境から高S/N比・高周波数環境へと誘導することで，遊び（主体的行動）を促進するほうがよいだろう。こうした主体的行動・環境との相互作用の蓄積により，自己効力感や因果関係の理解が高まり，障害支援機器を用いた主体的行動がさらに増加することが期待される。

　なお，スヌーズレンのように，さまざまな感覚刺激を提供するアプローチに対して興味・関心・期待はあるものの，施設運営上の問題として，部屋を改築したりひとつの部屋をスヌーズレン専用にしたりすることが難しい学校・施設は多い。そのような学校・施設では，教職員が段ボールや合板で作成した小部屋の中でスヌーズレンのブラックルームのような取り組みを行っている。こう

閾値
ある作用によって，生体に反応が起こる場合，反応を起こすのに必要なその作用の最小の強度をいう。

図 2−149　小部屋ユニットの例　CozyRoom

（五大エンボディ株式会社）

CozyRoom
五大エンボディ社が開発・販売するリラクセーション用の小部屋。
https://www.mentek-godai.co.jp/special/cozyroom.html

した取り組みにみられるように，「部屋の中の小部屋（room in room）」というコンセプトを活用することが，日本の教育・福祉現場においては合理的といえよう。図2−149に示す「CozyRoom」のような小部屋ユニットも市販されており，羽田空港や成田空港などの出発ロビーにも設置されている。このほかにも，屋内用テントや小部屋が数多く販売されているので，予算・用途に応じて活用するとよいだろう。

他項で紹介されているハードウェア・ソフトウェアを流用できる。ただし，実際に利用する際には周波数の高低を考慮し，担当する子どもの主体的反応・行動を引き出す刺激になるよう留意したい。

[演習]課題
1. 盲ろう者にどのようなタイプ（分類）があるか，説明してみよう。
2. 盲ろう者の抱える三つの困難とは何か，説明してみよう。
3. 盲ろう者の用いる点字系コミュニケーション方法，手話系コミュニケーション方法，そのほかのコミュニケーション方法にはどのようなものがあるか，説明してみよう。
4. PC-Talker+Braille Works 環境の長所と短所は何か，説明してみよう。
5. NVDA 環境の長所と短所は何か，説明してみよう。
6. BMChat を使ってどのようなことができるか，説明してみよう。
7. 環境調整による支援について，ICF-CY の「環境因子」の「第2章　自然環境と人間がもたらした環境変化」で ICT を使用してコントロールが可能なもの五つのうちひとつあげて説明してみよう。
8. 「応答する環境（ERE：edison responsive environment）」について「自由・探索のプログラム」と「発見・照合のプログラム」の観点から説明してみよう。
9. スヌーズレンの活用について留意すべき点を整理してみよう。

引用文献

1) 土屋和夫：環境制御装置（ECS）の現状について，医用電子と生体工学，22（5），305-310，1984.

2) 岡澤慎一・川住隆一：自発的な身体の動きがまったく見いだされなかった超重症児に対する教育的対応の展開過程，特殊教育学研究，43（3），203-214，2005.

3) 菅井勝雄・馬場道夫：幼児・障害児教育用の「応答する環境システム」の開発と実験例－数字読み学習プログラムの場合－，日本科学教育学会年会論文集，4，37-38，1980.

4) 菅井勝雄：CAIへの招待〈理論編〉教育工学のパラダイム変換，同文書院，1989.

5) 姉崎弘：わが国におけるスヌーズレン教育の導入の意義と展開．特殊教育学研究，51（4），369-379，2013.

6) 木村牧生・安井友康：スヌーズレン教育のためのICT機器の活用について，51（4），369-397，2013.

7) 川眞田喜代子：スヌーズレンを取り入れた自立活動－自己肯定感を育む授業－，授業づくり研究会I＆M（飯野順子編著）：障害の重い子どもの授業づくりPart 2－ボディイメージの形成からアイデンティティの確立へ－．ジアース教育新社，pp.94-109，2008.

8) 鈴木清子：知的障害を持つ人自身の活動－スヌーズレン－．日本スヌーズレン協会，pp.1-21，2001.

9) 苅田知則：重症心身障害児はリラックス空間を認識しているか？：能動的表出行動を促進する支援技術利用に関する基礎的研究，情報教育学研究，27（4），3-15，2012.

10) 姉崎弘：肢体不自由特別支援学校における重度・重複障害児のスヌーズレンの授業に関する全国調査研究，特殊教育学研究，56（5），281-292，2019.

参考文献

・笠井新一郎編著：言語聴覚療法士シリーズ12　改訂言語発達障害Ⅲ，建帛社，2007.

・Bates, E., Camaioni, L., & Volterra, V.：The Acquisition of Perfrmatives Prior to Speech, Merrill-Palmer Quarterly. 21（3），205-226, 1975.

2 ・ケージーエス：BM ユーティリティダウンロード
https://www.kgs-jpn.co.jp/down.html　（最終閲覧：2021年9月30日）

・NVDA日本語チーム：NVDA日本語版ダウンロード
https://www.nvda.jp/　（最終閲覧：2021年9月30日）

・テイクス：パームソナー
https://www.palmsonar.com/jp/index.html　（最終閲覧：2021年9月30日）

・社会福祉法人全国盲ろう者協会：平成24 盲ろう者に関する実態調査，2012.

・総務省統計局：平成24年人口推計，2012.

3 ・畠山卓朗：重度身体障害者用環境制御装置の現状，バイオメカニズム学会誌，9（3），125-132，1985.

・畠山卓朗・藺藤全孝・長尾哲男・伝法清：環境制御装置およびコミュニケーションエイドの開発，バイオメカニズム学会誌，4（1），29，1980.

・東京都障害者IT地域支援センター：環境制御装置一覧，2004.
https://www.tokyo-itcenter.com/700link/kankyou-s-10.html
（最終閲覧：2021年9月30日）

・ダブル技研：環境制御装置 Palette, 2017.
https://www.j-d.co.jp/welfare/palette.html　（最終閲覧：2021年9月30日）

BM

NVDA日本語版

・スイッチボット：SwitchBotハブミニ，2021.
　https://www.switchbot.jp/products/switchbot-hub-mini
　（最終閲覧：2021 年 9 月 30 日）
・一般社団法人日本リハビリテーション工学協会：「重度障害者用意思伝達装置」
　導入ガイドライン 〜公正・適切な判定のために〜【平成 24 − 25 年度改定版・平
　成 30 年度改正版（速報）】，2018.
　http://www.resja.or.jp/com-gl/ 　（最終閲覧：2021 年 9 月 30 日）
・大杉成喜：プロトタイピングの手法を用いた重度・重複障害児の教材開発，日本
　教育情報学会年会論文集，31，146-149，2015.
・独立行政法人国立特別支援教育総合研究所：重複障害教育における関連情報，
　NISE スヌーズレン・ルームの紹介.
　https://www.nise.go.jp/nc/each_obstacle/overlap/snoezelen
　（最終閲覧：2021 年 9 月 30 日）

第3章

教育課程・指導法

　本章では障害のある子どもの教育課程の編成について述べる。連続性のある「多様な学び」を実現するための，「支援機器を用いた合理的配慮（アシスティブ・テクノロジー）」の計画・実施・評価，それを支える教員の資質・能力，個別の教育支援計画・個別の指導計画への位置付けについて考えていく。

 1 障害のある子どもの教育課程

　教育課程とは「学校教育の目的や目標を達成するために，教育の内容を子供の心身の発達に応じ，授業時数との関連において総合的に組織した学校の教育計画」と解説されている（文部科学省：論点整理，2015）。

　学校教育の目的や目標は教育基本法および学校教育法に示され，また学校教育法第8章では特別支援教育について定められている。

> 学校教育法　第8章　特別支援教育
>
> 第72条　特別支援学校は，視覚障害者，聴覚障害者，知的障害者，肢体不自由者又は病弱者（身体虚弱者を含む。以下同じ。）に対して，幼稚園，小学校，中学校又は高等学校に準ずる教育を施すとともに，障害による学習上又は生活上の困難を克服し自立を図るために必要な知識技能を授けることを目的とする。
>
> 第77条　特別支援学校の幼稚部の教育課程その他の保育内容，小学部及び中学部の教育課程又は高等部の学科及び教育課程に関する事項は，幼稚園，小学校，中学校又は高等学校に準じて，文部科学大臣が定める。

　「幼稚園，小学校，中学校又は高等学校に準ずる教育」の「準ずる」とは「ある根拠に従う」という意味で，「同じ教育」であるといえる。これに「障害による学習上又は生活上の困難を克服し自立を図る」教育，すなわち「自立活動」を加えて実施されるのが特別支援教育である。また，知的障害や重度・重複障

害がある子どもの場合，個々の子どもの生活年齢と障害特性を考慮した教育課程が編成される。その際，下学年・下学部の教育内容が適用されたり，教育内容の精選が行われたり，教科などを合わせた指導が実施されたりとさまざまな工夫が行われるが，連続性のある「多様な学びの場」であることに留意して実施される。

通常の学校における特別支援学級や通級指導教室の教育も同様である。

学校教育法　第8章　特別支援教育
第81条　幼稚園，小学校，中学校，義務教育学校，高等学校及び中等教育学校においては，次項各号のいずれかに該当する幼児，児童及び生徒その他教育上特別の支援を必要とする幼児，児童及び生徒に対し，文部科学大臣の定めるところにより，障害による学習上又は生活上の困難を克服するための教育を行うものとする。
2　小学校，中学校，義務教育学校，高等学校及び中等教育学校には，次の各号のいずれかに該当する児童及び生徒のために，特別支援学級を置くことができる。
　一　知的障害者
　二　肢体不自由者
　三　身体虚弱者
　四　弱視者
　五　難聴者
　六　その他障害のある者で，特別支援学級において教育を行うことが適当なもの
3　前項に規定する学校においては，疾病により療養中の児童及び生徒に対して，特別支援学級を設け，又は教員を派遣して，教育を行うことができる。

各学校・学級では，学習指導要領などに基づき，どのように教育課程を編成し，実施・評価し改善していくのかという「**カリキュラム・マネジメント**」が実施される。障害のある子どもの「カリキュラム・マネジメント」においては，「準ずる教育」と「障害による学習上又は生活上の困難を克服し自立を図る」ための「自立活動」が重要であり，それを実現するための「支援機器を用いた合理的配慮（アシスティブ・テクノロジー）」の計画を加えることが不可欠である。

カリキュラム・マネジメント
「学校教育に関わる様々な取組を，教育課程を中心に据えながら，組織的かつ計画的に実施し，教育活動の質の向上につなげていくこと」（文部科学省）と定義されている。

参考文献
・文部科学省：論点整理，中央教育審議会初等中等教育分科会教育課程企画特別部会，2015.

2 アセスメント

1 アシスティブ・テクノロジーの導入

　米国IDEA（連邦法・全障害児教育法：1997年改定）では，IEP（個別教育計画）におけるアシスティブ・テクノロジー（AT）の検討（consider）を義務付けている。具体的な検討や導入の手続きについては各州に任されており，州や学校区などでさまざまなガイドブックやリソースマニュアルが作成されている。ウィスコンシン州のWATI（Wisconsin assistive technology initiative）作成のASNAT（ssessing students' needs for assistive technology：アシスティブ・テクノロジーに対する子どものニーズを評価するためのマニュアル）には詳細な記述がなされており，各州の資料の手本となっている。

　ASNATでは，アシスティブ・テクノロジーの導入にあたって「チームでの協働」「評価や現状の把握」「指導の目標，検討課題の明確化」「文書化」「評価と見直し」「研修や関連サービスとの連携」などが重要な観点になると述べられている（表3-1）。

表3-1　ASNAT：アシスティブ・テクノロジーに対する子どものニーズを評価するためのマニュアル

- 子どもの障害の種類や程度によらず，全ての子どもについてATニーズを検討すること
- チームで協働してATニーズを検討し，その実施や評価においても，きちんと責任を分担すること
- チームメンバーはATに関する十分な知識を持つことに加えて，自分たちの知識の範囲を超えるATニーズについては，自分たちだけで解決するのではなく，外部に知恵を求める体制を作っておくこと
- ある特定の領域，例えばADLの向上に限定してATを使うのではなく，教科，生活面など全ての領域におけるATニーズを検討すること
- その際には，その子どもと，その子のカリキュラムとIEPのゴールに沿った目標により，かつ，実際の生活場面を意識して情報収集，検討を行うこと
- 入手可能なATのみや，自分の知っているATについて検討するのではなく，障害による困難を克服するために必要な，あらゆるATを視野に入れて検討すること。例えば，Low-techからHigh-Techまで
- ATニーズの検討過程や検討結果については，ドキュメントを作成してIEPとともに保存して，進級や進学において等，担当が変わる際には継続されるようにすること
- AT使用にあたっては，定量的な指標を設定し，データに基づいた評価によってモニターし，再評価の必要が生ずれば速やかに実施すること
- 生徒や保護者，スタッフへの説明や研修，機器の管理やメンテナンスなども，ATサービス実施の一部分であること

出典）ASNAT：アシスティブ・テクノロジーに対する子どものニーズを評価するためのマニュアル，2009.

SETT
student（子ども），
environment（環境・
背景），task（課題・活
動），tool（支援機器・
ツール）の頭文字を
とったもの。

アシスティブ・テクノロジー導入の考え方の中心となる枠組みが「SETT
フレームワーク」である（Zabala, 1993）。子どもを中心に，その行うべき活動
や，それを取り巻く環境や背景の中で，最適なアシスティブ・テクノロジーの
選定，導入指導の実施と評価をチームで行うとするものである。

ASNAT は，IEP のチームに義務付けられた「アシスティブ・テクノロジー
のニーズを検討（consider）」する「コンシダレーション（consideration）」と，
必要なアシスティブ・テクノロジーの機器の選定・試用・評価・活用実施のた
めの「アセスメント（assessment）」作業を分けて考えることを提案している。
まず，アシスティブ・テクノロジーのニーズを検討し，「アシスティブ・テク
ノロジーが必要」，あるいは「検討が必要」とされた場合，専門家を加えたア
セスメントを行うとしている。

2　アシスティブ・テクノロジー導入の九つのステップ

ASNAT のアシスティブ・テクノロジーの導入（アセスメント）の手続きは，
三つのフェーズと九つのステップに分けられる（表3−2）。また，ステップ3
〜ステップ7の「意志決定」のフェーズの作業を行う際は，メンバー全員が模
造紙やホワイトボードなどを使って内容を確認しながら検討を行い，ミーティ
ング終了後文書として残すとしている。

表 3−2　ASNATのアシスティブ・テクノロジーの導入（アセスメント）の手続き

「情報収集」のフェーズ
ステップ 1：チームメンバーによるデータ収集 ステップ 2：ミーティングのスケジュール設定
「意志決定」のフェーズ
ステップ 3：課題（問題点・活動・参加の内容）の同定 ステップ 4：問題解決のアイデア創出にむけた「課題」の絞り込み ステップ 5：問題解決のアイデア創出 ステップ 6：問題解決案の選定 ステップ 7：実施プラン策定
「試用・評価」のフェーズ
ステップ 8：実施プランの実行 ステップ 9：実施プランに基づくフォローアップ（本格活用へ）

出典）棟方哲称：アシスティブ・テクノロジーの導入手法−SETTフレームワークを中心に−,
　　　メールマガジン，68（1），国立特別支援教育総合研究所，2012.

3　日本でのアシスティブ・テクノロジー検討の試行

「ASNAT のアシスティブ・テクノロジーの導入（アセスメント）の手続き」のような話し合いのプロセス管理は，短時間で効果的な議論を支援する。大杉は米国のアシスティブ・テクノロジー・コンシダレーションに関するアセスメントシート（Minnesota Department of Children, 2003）を邦訳・改良し，6段階の話し合いのシートを試用，実践した[1]。日本においてもこの「チームによる問題解決」手順は有効で，「成功体験」と「配慮事項」を押さえることでより効果的なコンシダレーションが実施できると述べている。

岩井はこれにブレーンライティング（ブレーンストーミング）の手法を加えた5枚の AT コンシダレーションシートを作成し，その実践の効果を報告している（図3-1）[2]。

例えば，SMA のある子どものアシスティブ・テクノロジー・コンシダレーション例を考えてみよう。「1. 子どもの実態とニーズ」では，知的発達は通常の子どもと同様であり，活動や参加について意欲が高いこと，身体をほとんど動かせないが，ワンスイッチで PC などを操作できることが確認された。また，ワンスイッチでは大変時間がかかるため，素早く文書入力や PC 操作がしたいとの希望があった。「2. 環境要因」では，常時人工呼吸器を利用しているため仰臥位での利用ができること，PC 操作により学習だけでなく楽しみも広げたいことが確認された。「3. 短期目標と長期目標の確認」では，長期目標としてイ

ブレーンライティング（ブレーンストーミング）
ある議題についてアイデアを出したい場合や，問題点を列挙したい場合などに，複数人が集まって自由に意見を述べる方法である。自由に出される意見を否定せず列挙していき，その後に話し合いによりまとめていく。ブレーンライティングはアイデアを出す段階で個々に記述していく方法である。

1. 子どもの実態とニーズ	2. 環境要因	3. 短期目標と長期目標の確認
資料やビデオ等視聴により子どもの実態やニーズを確認する 実態： ニーズ： 成功事例：	どんな場面でアシスティブ・テクノロジーを活用したいか どんな支援をしたいか：	当面の目標： 「少しの援助でできるようになること（発達の最近接領域）」は何か 将来の目標：
4. ブレーンライティング	5. 具体案の絞り込みと実施計画の策定	
短期目標について，どんな機器を利用すれば達成できるか 具体的な場面を考える	アイディアの絞り込み： 実施計画の策定：	

図 3-1　日本で改良を加えられたATコンシダレーションシートの例
出典）引用文献1），2），Minnesota Department of Children, 2003. より作成

ンターネットを利用して遠隔社会参加ができることが，短期目標として電子
メールやゲームが容易にできることがあげられた。「4. ブレーンライティング」
ではスキャン選択の方法の再検討，筋電位スイッチ，視線入力装置の利用など
があげられた。「5. 具体案の絞り込みと実施計画の策定」では視線入力装置の
試用と，担任による教材作成が計画された。実施計画に従って視線入力装置を
導入したところ，子どもは素早く正確に文字入力ができるようになった。また
視線入力によるマウス操作により，絵を描いたり，プログラミングができるよ
うになった。さらに視線入力によりゲームソフトを操作し，友人との遠隔交流
もできるようになっていった。このように手順に従って障害に応じた機器利用
を話し合うことで効果的な利用計画を策定できる。

4　米国の質の高いアシスティブ・テクノロジー活用の指標（QIAT 指標）

　学校や学校区で質の高いアシスティブ・テクノロジー活用が行われているか
を示す指標として，米国では QIAT（quality indicators for assistive technology）
指標が利用される。QIAT 指標では，学校や学校区のアシスティブ・テクノロ
ジー活用について，8 領域の品質指標領域を定めており（表3-3），さらにそ
れぞれの品質指標領域は6〜7の品質指標に区分される。このそれぞれに「1. 許
容不可」（unacceptable）から，「5. 理想型」（ideal）の5段階の得点を付け，総
合的な評価を行う。これにより，自分の学校がどのレベルにあるのかを客観的
に評価し，次はどの段階を目ざすのかを確認することができる。

　例えば，「1. 支援技術ニーズの検討のための品質指標領域」であれば，表3
-4のような七つの品質指標の項目に従い，それぞれ5段階の評価を行ってい
く。「品質指標1」では中程度「3」であるが，「品質指標2」では前述のアシス
ティブ・テクノロジー・コンシダレーションのシステムは十分ではなく「2」，
「品質指標3」も同様の理由で「2」といった評価になるとしよう。このような

表 3-3　QIAT 指標の8領域

1. 支援技術ニーズの検討のための品質指標領域
2. 支援技術ニーズの事前評価のための品質指標領域
3. IEPに支援技術を盛り込むための品質指標領域
4. 支援技術実施のための品質指標領域
5. 支援技術の有効性評価のための品質指標領域
6. 支援技術の移行のための品質指標領域
7. 支援技術の運営サポートのための品質指標領域
8. 支援技術における専門能力育成・訓練のための品質指標領域

出典）表3-2と同じ．

表 3-4　QIAT 指標の 8 領域の品質指標の例－アシスティブ・テクノロジーの導入
　　　　に関する検討作業に関する QIAT 指標

品質指標	内　　容
品質指標 1	支援技術（AT）機器・サービスの利用は，障害の種類・程度にかかわらず，障害のある生徒すべてに対して検討されている。
品質指標 2	個別教育計画（IEP）の作成中，IEP チームは AT 機器・サービスに対する個々の生徒の潜在ニーズを体系的に検討するため，一貫して協力的な意思決定プロセスを採用している。
品質指標 3	IEP チームのメンバーは，AT について十分な情報を基に意思決定を行い，必要な場合には支援を求めるための知識と技能を共有している。
品質指標 4	AT 機器・サービスの必要性に関する決定は生徒の IEP 目標・目的，課内・課外活動への参加，一般カリキュラムでの成績に基づいている。
品質指標 5	IEP チームは生徒の AT 機器・サービスの必要性を検討する際に，生徒，習慣的環境，教育目標，課題についてデータを収集・分析する。
品質指標 6	AT が必要な場合，IEP チームは把握されたニーズに対応する AT 機器・サービス，その他支援の種類について調査する
品質指標 7	AT の検討プロセスと結果は IEP で文書化され，決定の根拠とそれを裏付ける証拠を盛り込む。

出典）表 3-2 と同じ.

評価により，その学校の到達点と課題が整理されるわけである。

　これにより学校や学校区のアシスティブ・テクノロジー活用の実態が明らかになり，まず何を努力すべきか，次に何に取り組むべきか，という指針を与えてくれるのである。

　残念ながら日本においてはこういった評価システムはまだ普及しておらず，現在の学校の評価や課題を明確にできないという問題がある。今後，アシスティブ・テクノロジーに関するニーズの検討から実施・評価までのプロセスや，運営・サポート体制を整えることで，さらなる普及と発展が期待される。

演習課題

1. WATI（Wisconsin Assistive Technology Initiative）作成の「ASNAT：Assessing Students' Needs for Assistive Technology（アシスティブ・テクノロジーに対する子どものニーズを評価するためのマニュアル）」においてアシスティブ・テクノロジーの導入にあたって重要であると述べられた観点について説明してみよう。

引用文献

1) 大杉成喜：障害のある子どものためのアシスティブ・テクノロジー・コンシダレーション方法の開発，教育情報研究，25（3），15-27，2009.
2) 岩井大樹：特別支援学校（肢体不自由）小学校に準ずる教育課程におけるAT・ICT を活用した分かりやすい授業づくりの検討，平成 29 年度千葉県長期研修生（特別支援教育）研究報告書，2017.

・Quality Indicators for Assistive Technology Services
　https://qiat.org/（最終閲覧：2021 年 9 月 30 日）
・棟方哲弥：アシスティブ・テクノロジーの導入手法−SETT フレームワークを
　中心に−，国立特別支援教育総合研究所メールマガジン「特別支援教育に役立
　つアシスティブ・テクノロジー」第 8 回，2012.
・Minnesota Department of Children：Minnesota Assistive Technology Manual
　2003 Edition，2003.

3　学校経営

1　支援機器の活用を促す学校

（1）小・中学校などにおける支援機器の活用と特別支援学校の役割

　合理的配慮に関する理解が進む中で，小・中学校などにおける支援機器の活用の必要性は高まってきている。しかし，子どもに合った支援機器に関する情報を得ることは，難しい状況である。「どんな支援機器があるのか」「どのように使うのか」「子どもへの指導の際の配慮」「支援機器を導入する際の手続き」等々について，継続的に相談できる機関が求められる。こうした小・中学校などが，特別支援教育に関する相談と支援を求める身近な「**特別支援教育のセンター**」機関として，特別支援学校がある。特別支援学校では，さまざまな困難のある子どもへの指導・支援についての専門性を，地域の小・中学校などへ提供する役割も担っている。支援機器の活用についても，自校の子どもへの活用の充実はもちろん，地域の小・中学校などへの相談・支援を進めるために，学校としての専門性の一層の向上が求められている。

特別支援教育のセンター
学校教育法第 74 条では，特別支援学校は，幼稚園，小学校，中学校，義務教育学校，高等学校等の要請に応じて，障害による特別な支援の必要な子どもの教育に関し必要な助言または援助を行うよう努めることが規定されている。

（2）特別支援学校に求められる組織的な支援機器活用の促進

　特別支援学校では，支援機器活用を安定的に機能させるために，学校としての組織的な取り組みが重要である。学校内のシステムとして支援機器の活用が特定の部署だけで検討されるのではなく，指導計画や**自立活動の指導**などの検討と同様にさまざまな教員がかかわってその活用を進めるシステムが求められる。これには，学校管理職の理解も大きい。また，学校外の他機関からの協力も必要であり，それらと連携することによって，学校内では解決しない課題を支援してもらうことにもなる。つまり，「物的リソースを整える専門性」「人的リソースとしての人材育成」「支援機器活用を安定的に機能させるシステム」

自立活動の指導
個々の子どもが自立を目ざし，障害による学習上または生活上の困難を主体的に改善・克服するための指導。一人ひとりの子どもの状態に応じて具体的な目標や内容を定めて指導する。

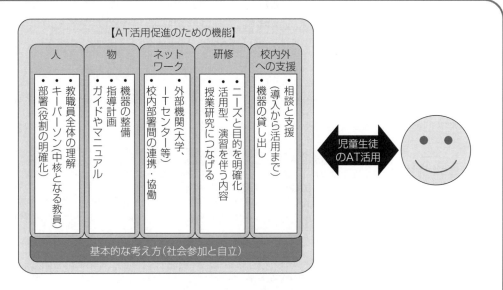

図 3−2　特別支援学校における組織的な支援機器の活用

出典）国立特別支援教育総合研究所：特別支援学校(肢体不自由)におけるアシスティブ・テクノロジー活用
　　　のためのガイド〔ATG〕−組織的な取組の促進をめざして−，p.15，ジアース教育新社，2014．より
　　　一部改変

の三つの面を促進する学校経営が重要である。その際に最も大切なのは，子ど
も一人ひとりの社会参加や自立に向けての基本的な考え方を明確にし，全校で
共通理解できていることである。そうした考え方を基盤として，「人」「物」「ネッ
トワーク」「研修」「校内外への支援」という機能が組織的に働くことで，子ど
もの支援機器の活用が適切に促進されると考える（図3−2）。

　学校経営に支援技術活用の促進を反映させるには，まずは，支援技術が学校
で組織的に活用されているかを具体的に見直すことが必要である。「実際に組
織的に機能がどの程度発揮されているのか」「どの機能において課題があるの
か」などを明確にするための評価指標を表3−5に紹介する。この評価指標を
使って，5段階（許容不可⇔理想型）で評価する。評価する目的は，学校運営の
指針を共有するために，学校全体の現状や課題を「可視化」することである。
評価手続きとしては，学校内の特定の個人や部署の取り組みを評価するのでは
なく，学校全体の組織としての取り組み状況を評価する。評価者が複数で合議
することで，学校全体の機能について共通理解を深めることに意義がある。ま
た，重要なことは，以下のような評価結果についての基本的な考えを共通理解
しておくことである。

　・活用できる長所と改善が必要な課題について，同時に把握できる。
　・すべての項目が「5」となることは，現実的には想定していない。「5」は，
　　あくまでも向かっていくべき理想である。

表 3−5　学校組織として支援機器の活用を評価するための指標

A. 支援技術のニーズの検討
1. 障害の種類や程度にかかわらず，すべての児童生徒に対して，支援機器のニーズの検討がされているか。
2. 児童生徒の支援機器のニーズの検討は，担任だけではなく指導に関わる複数の教職員で組織的に進められているか。
3. 児童生徒の支援機器のニーズの検討に際しては，学校生活全般のみならず家庭や地域での生活や活動を視野に入れているか。
4. 児童生徒の支援機器のニーズを検討する際に，試用するなど必要な機器等は整っているか。

B. 個別の指導計画等の活用
1. 支援機器のニーズが認められた児童生徒の支援機器利用のためのアセスメントの進め方（手続きや方法）は，教職員に理解されているか。
2. 支援機器活用のためのアセスメントの結果は，個別の指導計画等に記載されているか。
3. 支援機器の種類や使用方法や配慮事項など活用に必要な情報を個別の指導計画等に記載しているか。
4. 支援機器活用の必要性や指導内容について保護者との共通理解が図られているか。

C. 支援技術の実施
1. 支援機器活用に関する指導内容について，同じ児童生徒の指導にあたる教職員間の共通理解が図られているか。
2. 支援機器の活用に必要な機器は整備されているか。
3. 支援機器使用を進める中で，必要に応じて指導計画を調整するなどの柔軟な対応が十分できているか。

D. 支援技術の有効性の評価
1. 支援機器使用を進める中で，その状況のデータを収集し，分析できているか（**形成的評価**をしているか）。
2. 支援機器活用の有効性の評価は，担任だけではなく指導に関わる複数の教職員で組織的に進められているか。
3. **総括的評価**により，指導計画の変更や継続を柔軟に検討できているか。

E. 支援技術の移行
1. 支援機器のニーズを（家庭や進路先などへの）移行後の活動につなげるフォローアップに対応できる仕組みを持っているか。
2. 移行計画の作成の際に，受け入れ先の環境を把握した上で支援機器活用を検討しているか。
3. 移行計画では，支援機器活用をしている児童生徒自身が年齢や能力に応じたレベルで計画作成に参加できるようにしているか。
4. 移行計画では，支援機器活用をしている児童生徒の保護者が計画作成に参加しているか。

F. 支援技術の情報提供と相談
1. 支援機器活用に関する情報（利用できる機器や提供の手順など）を示したガイドラインがあるか。
2. 支援機器活用について，教職員，本人，保護者などが相談できる部署や担当者はいるか。

G. 研修・人材育成
1. 支援機器活用の専門性を向上させるための研修が，経年的に計画されているか。
2. 支援機器活用の促進を担当する部署を設けて，組織的に対応しているか。
3. 支援機器活用の促進を推進するキーパーソンの配置や育成をしているか。
4. 支援機器の専門能力を有する地域リソース（大学，企業，ITセンター，研究機関，他校の教員，ICT支援員等）を活用しているか。
5. 支援機器の整備や研修に必要な予算が計上されているか。

形成的評価
教育活動の途上で，その活動が所期の目的を達成しつつあるかどうか，どのような点で活動計画の修正が必要であるかを知るために行われる評価活動。

総括的評価
指導の最後に，学習の成果を総合的・全体的に把握するために行う評価のこと。

出典）国立特別支援教育総合研究所：特別支援学校(肢体不自由)におけるアシスティブ・テクノロジー活用のためのガイド〔ATG〕−組織的な取組の促進をめざして−，p.108，ジアース教育新社，2014. より一部改変

表 3-6　支援技術を指導に生かすために特別支援学校の教員に求められる資質・能力

A. 教材研究・指導の準備・評価などに ICT を活用する能力
A-1 児童生徒の学習や生活支援に必要な教材を作成するため，ワープロソフトやプレゼンテーションソフト（PowerPoint等）などを活用する。
A-2 児童生徒の学習や生活支援に適切な補助用具や教材の資料を集めるため，インターネットやDVDなどを活用する。
A-3 評価を充実させるために，コンピュータやデジタルカメラなどを活用して児童生徒の作品・学習状況・成績・個別の教育計画などを管理し集計する。
A-4 児童生徒の教育ニーズを分析し，どの場面でアシスティブ・テクノロジー・デバイス（障害に応じた機器・ソフトウェア：スイッチなどの入力装置，スキャン入力ソフト，コミュニケーションシンボル，VOCAなど）を活用すれば効果的かを考え指導の計画を立てる。

B. 指導にアシスティブ・テクノロジーを活用する能力
B-1 児童生徒の障害や個別の教育ニーズに応じて立てられた指導の計画に従って，アシスティブ・テクノロジー・デバイス（障害に応じた機器・ソフトウェア：スイッチ等の入力装置，スキャン入力ソフト，コミュニケーションシンボル，VOCAなど）を使用する。
B-2 児童生徒の障害や個別の教育ニーズに応じてアシスティブ・テクノロジー・デバイス（障害に応じた機器・ソフトウェア：スイッチ等の入力装置，スキャン入力ソフト，コミュニケーションシンボル，VOCAなど）を指導計画以外の場面でも活用する。
B-3 児童生徒の発達に応じた認知を支援するため，デジタルカメラやコンピュータ，プリンタを活用して写真・シンボルカードを効果的に提示する。
B-4 児童生徒の思考や理解を深めたりするため，コンピュータやプロジェクタを活用して制作した資料等を効果的に提示する。

C. 児童生徒の ICT 活用を指導する能力
C-1 児童生徒がコンピュータやインターネットなどを活用して，情報を収集したり選択したりできるように指導する。
C-2 児童生徒が自分の考えをワープロソフトで文章にまとめたり，プレゼンテーションソフト（PowerPointなど）で発表したりすることを指導する。
C-3 児童生徒がアシスティブ・テクノロジー・デバイス（障害に応じた機器・ソフトウェア）活用して発表したり表現したりできるように指導する。
C-4 個に応じたアシスティブ・テクノロジー・デバイス（障害に応じた機器・ソフトウェア）を使用させることで，コンピュータなどを使いやすくする。

D. 情報モラルなどを指導する能力
D-1 児童生徒が発信する情報や情報社会での行動に責任を持ち，相手のことを考えた情報のやりとりができるように指導する。
D-2 児童生徒が情報社会の一員としてルールやマナーを守って，情報を集めたり発信したりできるように指導する。
D-3 児童生徒がインターネットなどを利用する際に，情報の正しさや安全性などを理解し，健康面に気をつけて活用できるように指導する。
D-4 児童生徒がパスワードや自他の情報の大切さなど，情報セキュリティの基本的な知識を身につけることができるように指導する。

E. 校務に ICT を活用する能力
E-1 **校務分掌**や学級経営に必要な情報をインターネットなどで集めて，ワープロソフトや表計算ソフトなどを活用して文書や資料などを作成する。
E-2 教員間の連携協力を密にするため，校内ネットワークを活用して，必要な情報の交換・共有化を図る。
E-3 地域にある ICT 関連の資源（ITサポートセンター，大学，高専など）を利用する。

校務分掌
学校内における運営上必要な業務分担，または業務分担のために編制された組織系統。

出典）国立特別支援教育総合研究所：特別支援学校（肢体不自由）におけるアシスティブ・テクノロジー活用のためのガイド〔ATG〕−組織的な取組の促進をめざして−，pp.156-157．ジアース教育新社，2014.

・学校が単独で改善できる事項ばかりではない。設置者や地域，関係者の理解や支援はもちろん，予算やシステムに依存する内容も含まれている。
・学校運営や学校の専門性について，長期的に評価していく視点を大切にしている。初年度の評価をベースラインにして，1年，3年，5年と継続した取り組みを評価していくことが重要と考える。

2 支援機器を指導に生かすための教員の資質・能力

　支援機器やICTを指導に生かすためには，教員の支援技術や機器に関する知識や使いこなす技術が求められる。具体的には，表3-6に示した「教材研究・指導の準備・評価などにICTを活用する能力」「指導にアシスティブ・テクノロジーを活用する能力」「児童生徒のICT活用を指導する能力」「情報モラルなどを指導する能力」「校務にICTを活用する能力」の五つである。

　しかし，特別支援学校は，初任者から在職30年を超えるベテランまで，さまざまな年齢層で教員集団が構成されている。また，特別支援教育に携わった経験の長短があり，また支援機器やICTに詳しい者も苦手意識をもつ者もいる。こうした多様で多層的な教員集団の特徴を踏まえたうえで，校内研修や校内における連携・協力体制を整えることが重要である。**研修**では，教員のニーズ（基礎的な段階から実践・応用的な内容まで）に合わせたり，支援機器の生活での活用を促すため，保護者と合同での研修会を行うなど，さまざまな工夫をすることが大切である。

研　修
教員研修を形態別にみると，教育委員会や教育センター主催の研修，校内研修，大学などへの長期派遣，民間団体主催の研修，自主研修などがある。

演習課題
1. 表3-6を使って，自身の「得意」と「苦手」を確かめてみよう。

4　個別の教育支援計画・個別の指導計画

　個別の教育支援計画・個別の指導計画について文部科学省（2013）は以下のように説明している。

> 「個別の教育支援計画」他機関との連携を図るための長期的な視点に立った計画
> 　一人一人の障害のある子どもについて，乳幼児期から学校卒業後までの一貫した長期的な計画を学校が中心となって作成。作成に当たっては関係機関との連携が必要。また保護者の参画や意見等を聴くことなどが求められる。
> 「個別の指導計画」指導を行うためのきめ細かい計画
> 　幼児児童生徒一人一人の教育的ニーズに対応して，指導目標や指導内容・方法を盛り込んだ指導計画。例えば，単元や学期，学年等ごとに作成され，それに基づいた指導が行われる。

1　個別の教育支援計画

　小学校学習指導要領（平成29年告示）解説　総則編（2017）では「平成15年度から実施された**障害者基本計画**においては，教育，医療，福祉，労働等の関係機関が連携・協力を図り，障害のある児童の生涯にわたる継続的な支援体制を整え，それぞれの年代における児童の望ましい成長を促すため，個別の支援計画を作成することが示された」と述べられている。

　この個別の支援計画のうち，幼児児童生徒に対して，教育機関が中心となって作成するものが「個別の教育支援計画」と呼ばれる。具体的には，「障害のある児童などが生活の中で遭遇する制約や困難を改善・克服するために，本人及び保護者の意向や将来の希望などを踏まえ，在籍校のみならず，例えば，家庭，医療機関における療育事業及び福祉機関における児童発達支援事業において，実際にどのような支援が必要で可能であるか，支援の目標を立て，それぞれが提供する支援の内容を具体的に記述し，支援の内容を整理したり，関連付けたりするなど関係機関の役割を明確にすること」と述べられている。個別の支援計画や個別の教育支援計画は自治体ごとにおおよその様式が作成されており，就学前から就学時，進学先，就労先に至るまでの切れ目ない支援に生かすことができるツールとなっている。個別の教育支援計画には，多くの関係者が関与することから，保護者の同意を事前に得るなど個人情報の適切な取り扱いに十分留意することが必要とされる。

　個別の教育支援計画において長期的な視点からの支援の方針や教科など横断

障害者基本計画
障害者基本法第11条に基づき策定される政府が講ずる障害者施策の最も基本的な計画で，5年ごとに策定される。現在は第4次障害者基本計画で「共生社会の実現に向け，障害者が，自らの決定に基づき社会のあらゆる活動に参加し，その能力を最大限発揮して自己実現できるよう支援」することが基本理念となっている。
教育の振興では「個別の指導計画等の作成を必要とする児童等のうち，実際に個別の指導計画等が作成されている児童等の割合」について，2022年度の目標値が「おおむね100％」と述べられている。

的な視点から個に応じた指導内容や指導方法の工夫が検討され，個別の指導計画が作成されることになる。

2　個別の指導計画

　　個別の指導計画は，個々の児童の実態に応じて適切な指導を行うために学校で作成されるものでその様式は各学校さまざまである。個別の指導計画は，教育課程を具体化し，障害のある児童など一人ひとりの指導目標・指導内容・指導方法を明確にし，きめ細やかな指導を実現するために作成されるツールである。

　　特別支援学校小学部・中学部学習指導要領（平成29年告示）では「第1章第3節　教育課程の編成」の3の（3）において以下のように述べられている。

第1章第3節　3　教育課程の編成における共通的事項
　（3）　指導計画の作成等に当たっての配慮事項
イ　各教科等の指導に当たっては，個々の児童又は生徒の実態を的確に把握し，次の事項に配慮しながら，個別の指導計画を作成すること。
　（ア）児童又は生徒の障害の状態や特性及び心身の発達の段階等並びに学習の進度等を考慮して，基礎的・基本的な事項に重点を置くこと。
　（イ）児童又は生徒が，基礎的・基本的な知識及び技能の習得も含め，学習内容を確実に身に付けることができるよう，それぞれの児童又は生徒に作成した個別の指導計画や学校の実態に応じて，指導方法や指導体制の工夫改善に努めること。その際，児童又は生徒の障害の状態や特性及び心身の発達の段階等並びに学習の進度等を考慮して，個別指導を重視するとともに，グループ別指導，繰り返し指導，学習内容の習熟の程度に応じた学習，児童又は生徒の興味・関心等に応じた課題学習，補充的な学習や発展的な学習などの学習活動を取り入れることや，教師間の協力による指導体制を確保することなど，指導方法や指導体制の工夫改善により，個に応じた指導の充実を図ること。その際，第4節の1の（3）に示す情報手段や教材・教具の活用を図ること。

　　また，「第1章第4節　教育課程の実施と学習評価」の1の（3）では，情報手段の活用が重要であると述べられている。

第1章第4節　1　主体的・対話的で深い学びの実現に向けた授業改善
　（3）第3節の2の（1）に示す情報活用能力の育成を図るため，各学校において，コンピュータや情報通信ネットワークなどの情報手段を活用するために必要な環境を整え，これらを適切に活用した学習活動の充実を図ること。また，各種の統計資料や新聞，視聴覚教材や教育機器などの教材・教具の適切な活用を図ること。
　　あわせて，小学部においては，各教科等の特質に応じて，次の学習活動を計画的に実施すること。
ア　児童がコンピュータで文字を入力するなどの学習の基盤として必要となる情報手段の基本的な操作を習得するための学習活動

イ　児童がプログラミングを体験しながら，コンピュータに意図した処理を行わせるために必要な論理的思考力を身に付けるための学習活動

3　小・中・高等学校学習指導要領の中の個別の教育支援計画・個別の指導計画の記述

　小・中学校学習指導要領（平成29年告示）では第1章　総則　第4，また高等学校学習指導要領（平成30年告示）では第1章　総則　第5款の生徒の発達の支援の項に「個別の教育支援計画や個別の指導計画の作成と活用」がもれなく説明されている。例えば，中学校学習指導要領では以下のように述べられている。

第1章第4　2　特別な配慮を必要とする生徒への指導
　(1)　障害のある生徒などへの指導
エ　障害のある生徒などについては，家庭，地域及び医療や福祉，保健，労働等の業務を行う関係機関との連携を図り，長期的な視点で生徒への教育的支援を行うために，個別の教育支援計画を作成し活用することに努めるとともに，各教科等の指導に当たって，個々の生徒の実態を的確に把握し，個別の指導計画を作成し活用することに努めるものとする。特に，特別支援学級に在籍する生徒や通級による指導を受ける生徒については，個々の生徒の実態を的確に把握し，個別の教育支援計画や個別の指導計画を作成し，効果的に活用するものとする。

　中学校学習指導要領（平成29年告示）解説　総則編では，「個別の教育支援計画及び個別の指導計画は，障害のある生徒など一人一人に対するきめ細やかな指導や支援を組織的・継続的かつ計画的に行うために重要な役割を担っている」と述べられ，「特別支援学級に在籍する生徒や通級による指導を受ける生徒に対する二つの計画の作成と活用について，これまでの実績を踏まえ，全員作成することとした」と強調されている。さらに「通常の学級においては障害のある生徒などが在籍している。このため，通級による指導を受けていない障害のある生徒などの指導に当たっては，個別の教育支援計画及び個別の指導計画を作成し，活用に努めること」と述べられている（小学校は生徒を児童に読み替え）。

　このように，個別の教育支援計画および個別の指導計画は，すべての学校に在籍する特別な支援を受ける子どもに作成・活用されているのである。

4　個別の教育支援計画と個別の指導計画の質の向上のために

特別支援教育の質を高めていくためには，こうした継続的な個別の教育支援計画と個別の指導計画の作成・活用システムを校内で構築していくことが重要である。また，アシスティブ・テクノロジーについても長期的に利用されるものであり，校外の専門家などとの連携も必要である。日本でも米国のようにIEP作成の際，必ずアシスティブ・テクノロジーの項目が検討（consider）され，個別の教育支援計画と個別の指導計画の両方にアシスティブ・テクノロジーの項目を設け，検討・実施・評価が行われていく必要がある。

また，QIATの品質指標は自校の教育品質がどの段階であるかを評価するうえで有効であると考えられる。日本でも自治体の枠組みを超えた評価システムの構築が期待される。

5　PATHミーティングの考え方－個別の教育支援計画を補完するもの

PATHとはplanning alternative tomorrow with hope（希望に満ちたもうひとつの未来の計画）の略称で，1991年にカナダのフォレスト（Forest, M.）らがインクルーシブ教育を推進するための具体的な手だてとして開発した[1]。PATHでは，障害のある人本人と，関係のある多くの人が一堂に会して，障害のある人の夢や希望に基づきゴールを設定し，そのゴール達成のための支援計画を立てていく。会議の参加者が情報を共有し，議論を行い，それぞれの力を発揮できる支援計画（アクションプラン）を策定するという特徴がある[2]。

日本では，干川[3]がPATHの技法を教員の連携・協力を促すツールとして紹介し，国立特別支援教育総合研究所の現職教員研修コンテンツとして全国に普及していった[4]。この「その人にとっての幸せの一番星（ポラリス）と考える」「夢を実現するための連携・支援の計画」は，「IEPを補完するもの」として学校現場の教員に支持されてきた。

PATHの手法は個別の教育支援計画の策定の際に利用されることが多い。その際，長期目標を実現する手段として，ICT機器の長期的な利用計画などについて議論されることもある。単年度で到達できない長期的な目標や高額の機器などの予算を伴う計画において，「幸せの一番星」を想定して，その「最初の一歩」の支援を考えることは有効である。

6　長期的な「夢」の実現に向けて

　分身ロボットカフェ（AVATAR CAFE）「DAWN ver. β」は在宅の重度障害者が分身ロボット OriHime を遠隔操作し，カフェの給仕を行う実証実験である。これまでの分身ロボット OriHime の活用実践を発展させ，「仕事がしたい」という重度障害者の「幸せの一番星（PATH）」を具現化したものといえる。

　アシスティブ・テクノロジーは「あるものを使う」ことも重要であるが，「ないものを開発していく」ことも必要である。科学技術の発展により，可能になることはどんどん増えていく。それらも含めて「幸せの一番星」を想定し，支援計画を考えていくことが大切である。

分身ロボットカフェ
p.114 参照。

演習課題
1.　個別の指導計画・個別の教育支援計画について説明してみよう。

引用文献
1)　Falvey, M. A., Forest, M., Pearpoint, J. and Rosenberg, R. L.：All my life's a circle：using the tools：circles, MAPS & PATH（New expanded edition；2nd Ed., 3rd printing），Inclusion Press, Toronto, 2003.
2)　Pearpoint, J. O'Brein, J. and Forest, M.：PATH：Planning Alternative Tomorrows with Hope：A Workbook for Planning Possible Positive Futures.（2nd Ed., 4th printing），Inclusion Press, Toronto, 2001.
3)　干川隆：教師の連携・協力する力を促すグループワーク－PATH の技法を用いた試みの紹介－．知的障害教育研究部重度知的障害教育研究室，一般研究報告書「知的障害養護学校における個別の指導計画とその実際に関する研究（平成 11 年度～平成 13 年度）」，独立行政法人国立特別支援教育総合研究所，pp.43-47，2002.
4)　齊藤宇開：長期研修における PATH の技法を用いたワークショップ．知的障害教育研究部重度知的障害教育研究室，一般研究報告書「知的障害のある子どもの担任教師と関係者との協力関係推進に関する研究－個別の指導計画の作成に焦点をあてて－（平成 14 年度～平成 15 年度）」，独立行政法人国立特別支援教育総合研究所，pp.43-45，2004.

参考文献
・「個別の指導計画」と「個別の教育支援計画」について：中央教育審議会初等中等教育分科会教育課程部会（第 63 回）配付資料，2013.
・内閣府：障害者基本計画（第 4 次計画平成 30 年度～平成 31 年度）

第4章
支援機器を活用するための制度とリソース

　学校教育で支援機器を活用するためには，教育関係者だけで情報を交換していては十分ではない。特に，福祉機器については，学校以外の医療，福祉，行政，企業などからの情報を得ることなしには何もできないといっても過言ではないでだろう。

　そこで，本章では，どのような福祉制度があるかを学ぶとともに，支援機器（福祉用具）等にかかわる外部のリソースを紹介する。

1 福祉制度

1 支援機器（福祉用具）の公費負担と合理的配慮

　心身に障害がある者（児を含む）が，就学（在宅での訪問教育なども含む）や日常生活を営む際の不自由・不便の解消のために必要となるのが福祉用具をはじめとした支援機器である。それらの入手は，本人や家族にとっての経済的負担となる可能性もあるが，その購入などに際しての費用が公費負担となる福祉制度（障害者総合支援法）などもある。各種の困難さとそれに対応する支援機器の活用については，本書の第2章の各節でまとめられているが，必要な機器のすべてが公費負担になるわけでない。

　障害者福祉をはじめとする福祉制度では，障害に起因して生じる不利益を解消するために，定められた種目・品目が公費負担の対象であり，一般的なICT機器や汎用品などでは，その利用が有効であっても規定にない場合は対象外となってしまうこともある（図4−1）。これは，同種同程度の障害者へは同様に公費負担を行うことを公平としたものであり，個々の事情を鑑みる合理的配慮の考え方とは異なる対応といえる。したがって，ある制度が利用できない場合には，ほかの制度利用や自費購入も含めて検討する必要がある。

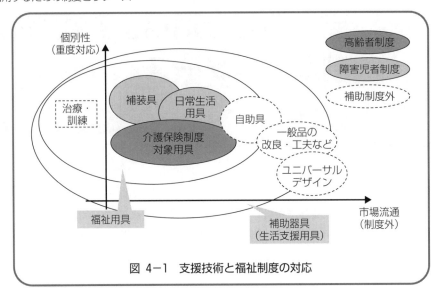

図 4-1　支援技術と福祉制度の対応

以下に，関連する福祉制度をまとめる。

2　障害者総合支援法による支援機器の公費負担

障害者総合支援法では，義務的経費である自立支援給付（個別給付）となる補装具費支給制度と，裁量的経費である地域生活支援事業のひとつに位置付けられている日常生活用具給付事業がある。

（1）補装具費支給制度

補装具は，医学的評価に基づき，利用する対象者個人に合わせて製作・調整されるものである。その要件は，「①障害者等の身体機能を補完し，又は代替し，かつ，その身体への適合を図るように製作されたものであること，②障害者等の身体に装着することにより，その日常生活において又は就労若しくは就学のために，同一の製品につき長期間にわたり継続して使用されるものであること，③医師等による専門的な知識に基づく意見又は診断に基づき使用されることが必要とされるものであること」の三項目がある（障害者総合支援法施行規則第6条の20）。②で就学目的も対象であるが，学校のみで利用するもの（学校が用意すべき装置）は原則として対象外である。

該当種目には，義肢・装具，座位保持椅子などの姿勢保持に関する装置，眼鏡や補聴器などの感覚機能を補完・代替する装置，音声言語機能と四肢運動機能の重複障害者の意思表出を行う重度障害者用意思伝達装置などがある（表4-1）。なお，支給にあたっては，一部を除いて，**身体障害者更生相談所の適合判定**を経て市町村が行う。

身体障害者更生相談所の適合判定
補装具が申請者（利用希望者）にとって真に必要であり，身体に適合しているか確認することである。18歳未満の場合，この適合判定に代えて指定自立医療機関の医師の意見書を踏まえて決定される。

表 4-1 補装具費支給種目一覧

種目名	対象者
義 肢	肢体不自由
装 具	肢体不自由
座位保持装置	肢体不自由
視覚障害者安全つえ	視覚障害
義 眼	視覚障害
眼 鏡	視覚障害
補聴器	聴覚障害
車椅子	肢体不自由
電動車椅子	肢体不自由
座位保持椅子	障害児のみ
起立保持具	障害児のみ
歩行器	肢体不自由
頭部保持具	障害児のみ
排便補助具	障害児のみ
歩行補助つえ	肢体不自由
重度障害者用意思伝達装置	肢体不自由・音声言語機能障害（重複）

(2) 日常生活用具給付事業

日常生活用具の要件は，「①障害者等が安全かつ容易に使用できるもので，実用性が認められるもの，②障害者等の日常生活上の困難を改善し，自立を支援し，かつ，社会参加を促進すると認められるもの，③用具の製作，改良又は開発に当たって障害に関する専門的な知識や技術を要するもので，日常生活品として一般に普及していないもの」の三項目がある（2006 年 9 月 29 日厚生労働省告示第 529 号）。

当該種目は，自立生活支援用具や情報・意思疎通支援用具のような大枠で 6 種目であり，具体的な品目は実施主体である市町村の裁量になる（表 4-2）。なお，タブレットや PC 本体に関しては，③の要件に合致しないことから対象外であるが，情報・意思疎通支援用具の例示の中に，情報・通信支援用具（障害者向けの PC 周辺機器や，アプリケーションソフト）がある。これは，2001 ～

表 4-2 日常生活用具給付種目一覧

種目名
介護・訓練支援用具
自立生活支援用具
在宅療養等支援用具
情報・意思疎通支援用具
排泄管理支援用具
居宅生活動作補助用具（住宅改修費）

2005 年度の５か年限定で施行された情報バリアフリー化支援事業を取り込ん
だものといえる。

　この情報・通信支援用具の考え方は，従来のような個別の専用装置を福祉用
具として一定基準で給付するのではなく，一般品（汎用品）である PC 本体は
自己で入手した場合に，それを利用するための視線入力装置などの特殊な入出
力装置などについてのみ給付対象とする新しい考え方の始まりであるといえ
る。

3　特別支援教育就学奨励費

　「特別支援学校への就学奨励に関する法律」に基づき，教科用図書購入費（高
等部のみ）や，学用品購入費の支給がある。これらを利用することで，障害者
総合支援法では対応されなかった，タブレットや PC 本体の入手に際して特別
支援教育就学奨励費により，補助を受けることができる場合もある。

　学用品購入費には，学用品・通学用品購入費と新入学児童生徒学用品費があ
り，さらに高等部（および相当する課程）においては，ICT 機器などを購入し
た場合，前述の学用品購入費への加算がある。

　この加算を利用すれば，本体は特別支援教育就学奨励費で補助を受け，周辺
機器は障害者総合支援法（日常生活用具給付事業）での入手も可能である。なお，
加算がない小・中学部においても，学用品・通学用品購入費などの範囲内で購
入することも可能であるが，従来から利用しているものと合わせると上限額を
超えることとなるため，有効な補助にはならない可能性が高い。

　この補助の対象・適用範囲は自治体（教育委員会）で若干異なる場合もあるが，
特別支援学校や特別支援学級に加えて 2013 年度から通常の学級で学ぶ児童生
徒（学校教育法施行令第 22 条の３に定める障害の程度に該当）についても対象で
ある。身体障害のみならず知的障害も対象であり，発達障害（学習障害，注意
欠如多動症，広汎性発達障害，自閉症スペクトラム障害など）の診断のみでは対象
ではないが，社会生活への適応が著しく困難な場合などの知的障害を伴う診断
があれば対象になる場合もある。

4　留意事項

一部自己負担
障害者総合支援法に基
づく場合は，原則１割
負担。ただし，月額上
限額も定められてお
り，住民税非課税世帯
は，自己負担はない。

　福祉制度などを利用する場合は，一定の障害種別・程度に対応した機器を選
択する必要があり，制度にこだわることが最善ではない場合もある。

　また，特別支援教育就学奨励費を含めた各制度利用においても，対象種目や
基準金額内であったとしても本人（児童の場合は保護者）の所得による制限や，
一部自己負担があることに留意しなければならない。

演習課題

1. 自分の住む市区町村における障害者総合支援法における日常生活用具給付事業（情報・通信支援用具）の対象になるパソコン入力支援装置に関する説明（対象者や対象機器がどのように例示されているか）を確認してみよう。
2. 自分の住む都道府県における特別支援教育奨励費でのICT機器購入に対する加算に関する説明（対象者や対象機器がどのように例示されているか）を確認してみよう。

❷　リソース

　支援機器を活用するうえで活用できるリソースを「Webサイト」「書籍」「関係機関」「研修会・展示会」の4点で整理した。これらの情報をもとに，必要に応じて連携を図っていくことが重要である。また，これ以外にもさまざまな情報があり，それらを活用するには関係者との連携を図ることがポイントである。

　「情報を発信するところに情報が集まる」ということばがある。ただ単に情報を集めていくだけでは，あまり有用なものは得られない。自ら学んだことを外に伝えることで，逆に自分にも有用なものが入ってくる。現代はSNSなどで容易に情報を発信することができるようになっている。もちろん，それらは適切な利用をしなければトラブルのもととなるが，情報を提供してもらう人に感謝しつつ，自分からも外に向かって伝えることが重要であろう。

1　Webサイト

　インターネットの普及により，必要な情報の多くはWebサイトから得られるようになってきた。しかし，公的機関でないかぎりは，その情報の内容の正確性については担保されない。また，公的機関からの情報であっても，正しいかどうかは精査する必要がある。以下のWebサイトは多くの人が利用しているもので有用であると考えるが，情報は時間とともに変化するため，自分自身で内容を見て確認することが重要である。

（1）公的機関

1）国立特別支援教育総合研究所（https://www.nise.go.jp/）

同研究所は文部科学省所轄の機関として国が設置した研究所である。特に特別支援教育教材ポータルサイト（http://kyozai.nise.go.jp/）は支援機器についてまとめて整理をしている。

2）東京都障害者 IT 地域支援センター（https://www.tokyo-itcenter.com/）

東京都が東京コロニーに委託をして運営している支援センターの Web サイトである。支援機器の情報が充実している。

（2）個人または民間の情報

1）kinta のブログ（https://www.assistivetechnology.cfbx.jp/kinta/）

筆者が個人的に発信している Web サイトである。特別支援教育に関係する ICT や AT，AAC について情報提供している。この項で説明したリソースを掲載している。

2）魔法のプロジェクト（https://maho-prj.org/）

東京大学先端科学技術研究センターとソフトバンクグループによる携帯情報端末を活用した研究プロジェクトの Web サイト。さまざまな ICT 機器の活用について，豊富な事例や教材の情報などが整理されている。

3）AT2ED：エイティースクウェアード（http://at2ed.jp/）

東京大学・学際バリアフリー研究プロジェクト（AT2ED プロジェクト）が運営する Web サイト。厚生労働省の事業で作成した「こころ Web」を基礎として支援機器に関する情報をまとめている。

2　書　籍

ここでは，教育現場で活用しやすい支援機器に関する書籍を紹介する。

・金森克浩編集代表：〔実践〕特別支援教育と AT（アシスティブテクノロジー）第 1 集〜第 7 集，明治図書出版.

特別支援教育において支援機器をどのように活用すればよいか，実践や解説など多種多様な情報が掲載されている。

・中邑賢龍著：AAC 入門　コミュニケーションに困難を抱える人とのコミュニケーションの技法，atacLab，2014.

障害のある人にとって大きな困難はコミュニケーションにある。この書籍ではそういった人の支援の基本的な考え方である AAC について解説している。

・金森克浩編著：特別支援教育における AT を活用したコミュニケーション支援，ジアース教育新社，2010.

AT の活用についてさまざまな事例を紹介した書籍。

3　関係機関

支援機器について情報を得ようとするのであれば，一番に関係するのは福祉事務所である。前項で書かれているように福祉制度を活用することで，さまざまな福祉機器や支援機器などを入手できる。これらは主には当事者からの利用となるため，学校教育に関係する支援機器の情報リソースをあげることにする。

1）国立特別支援教育総合研究所　i ライブラリー

神奈川県横須賀市にある国立特別支援教育総合研究所には，常設展示として支援機器の展示室「i ライブラリー」がある。見学するには事前の予約が必要なので，Web サイトを見て確認すること。

2）都道府県の特別支援学校

都道府県によっては，特別支援学校に教材や支援機器を展示している場合がある。特に視覚特別支援学校は，伝統的に地域支援の一環として教材の紹介をしている学校が多いので，そういったところから情報を得ることも重要であろう。

3）AT サポートセンター

前述の東京都障害者 IT 地域支援センターのようにサポート支援をしている機関，センターが全国各地にある。それらの機関には機器の展示などをしているところもあるので，卒業後の支援も含めて，連携を図っていくことは重要である。

4　研修会・展示会

　支援機器についての情報を得るのであればやはり，研修会や展示会などに参加して，見たり触ったりすることが重要である。研修会や展示会などは，実際にどのようなことができるのかを知る機会となる。以下にあげるもの以外にもさまざまなものがあるので，Web サイトなどで積極的に情報収集することが望まれる。

1）ATAC カンファレンス
　毎年12月に開かれている支援機器に関する研修会である。機器の展示なども行われており，最新の情報を得ることができる。

2）国際福祉機器展
　例年，秋ごろに東京ビッグサイトで開かれる国内最大の福祉機器の展示会である。教育に関係するセミナーなども開かれているので，一度は見学に行くとよいだろう。同様の形で，大阪や名古屋，福岡などでも開かれている。

3）国立特別支援教育総合研究所セミナー
　前述の国立特別支援教育総合研究所が毎年行っている研修会。同時に支援機器や教材など「学習上の支援機器等教材活用促進事業」の一環として展示なども行っている。

演習課題
1. 支援機器について，提供している WEB サイトをひとつあげて，その内容を要約して説明してみよう。
2. 国立特別支援教育総合研究所の特別支援教育教材ポータルサイトに掲載されている教材・支援機器の中からひとつ選び，その使い方について説明してみよう。

索引

〔シリーズ監修者〕

花熊　曉（はなくま　さとる）　関西国際大学大学院人間行動学研究科　教授

苅田知則（かりた　とものり）　愛媛大学教育学部　教授
愛媛大学教育学部附属インクルーシブ教育センター　センター長

笠井新一郎（かさい　しんいちろう）　宇高耳鼻咽喉科医院　言語聴覚士

川住隆一（かわすみ　りゅういち）　元東北福祉大学教育学部　教授

宇高二良（うだか　じろう）　宇高耳鼻咽喉科医院　院長

〔編著者〕　　　　　　　　　　　　　　　　　　　　　　　　　　　　　　　〔執筆分担〕

金森克浩（かなもり　かつひろ）　帝京大学教育学部　教授　　　第1章冒頭文・1・3，第2章冒頭文・4，第4章冒頭文・2

大杉成喜（おおすぎ　なりき）　皇學館大学教育学部　教授　　　第2章2・5・6・7-3
第3章冒頭文・1・2・4

苅田知則（かりた　とものり）　前掲　　　第2章7-冒頭文・3

〔著者〕（五十音順）

新谷洋介（あらや　ようすけ）　金沢星稜大学人間科学部　准教授　　　第2章3

井村　保（いむら　たもつ）　中部学院大学看護リハビリテーション学部　教授　　　第4章1

氏間和仁（うじま　かずひと）　広島大学大学院人間社会科学研究科　准教授　　　第2章2

高橋信行（たかはし　のぶゆき）　特定非営利活動法人えひめ盲ろう者友の会　理事長　　　第2章7-2
聖カタリナ大学　非常勤講師

長沼俊夫（ながぬま　としお）　日本体育大学体育学部　教授　　　第3章3

丹羽　登（にわ　のぼる）　関西学院大学教育学部　教授　　　第1章2

平林ルミ（ひらばやし　るみ）　学びプラネット合同会社　代表社員　　　第2章1

福島　勇（ふくしま　いさむ）　熊本高等専門学校　特命客員教授　　　第2章4・7-1

特別支援教育免許シリーズ
合理的配慮
支援機器を用いた合理的配慮概論

2021年（令和3年）11月25日　初 版 発 行

編著者	金 森 克 浩
	大 杉 成 喜
	苅 田 知 則
発行者	筑 紫 和 男
発行所	株式会社 建 帛 社 KENPAKUSHA

〒112-0011 東京都文京区千石4丁目2番15号
TEL（03）3944-2611
FAX（03）3946-4377
https://www.kenpakusha.co.jp/

ISBN 978-4-7679-2131-0　C3037 さくら工芸社／亜細亜印刷／ブロケード
©花熊・川住・苅田ほか，2021.　　　　　　　　　　Printed in Japan
（定価はカバーに表示してあります）

本書の複製権・翻訳権・上映権・公衆送信権等は株式会社建帛社が保有します。
JCOPY 〈出版者著作権管理機構　委託出版物〉
本書の無断複製は著作権法上での例外を除き禁じられています。複製される
場合は，そのつど事前に，出版者著作権管理機構（TEL 03-5244-5088,
FAX 03-5244-5089, e-mail：info@jcopy.or.jp）の許諾を得て下さい。